Herrn Prof. Liedtke
— aus Nordlippe —

von
Robert Klinnert
— aus Zentrallippe

D'dorf 12/83

MEINEN ELTERN

Lippe Detmold
Ein Lesebuch

Von Tacitus bis Hanns Dieter Hüsch

Herausgegeben von
Thomas Schaefer

Husum Verlag

Umschlagbild: Gesine Rosenträger, „Hermannsdenkmal"

CIP-Titelaufnahme der Deutschen Bibliothek

Lippe-Detmold : ein Lesebuch ; von Tacitus bis Hanns Dieter Hüsch / hrsg. von Thomas Schaefer. — Husum : Husum-Verl., 1990
 ISBN 3-88042-510-8
NE: Schaefer, Thomas [Hrsg.]; Tacitus, Cornelius [Mitverf.]

Für Anregungen und Hinweise, die das Entstehen dieses Buches wesentlich förderten, danke ich Thomas Matuszak, Gerhard Schaefer und Rudolf Schmitt
© 1990 by Husum Druck- und Verlagsgesellschaft mbH u. Co. KG, Husum
Satz: Fotosatz Husum GmbH
Druck und Verarbeitung: Husum Druck- und Verlagsgesellschaft
Postfach 1480, D-2250 Husum
ISBN 3-88042-510-8

Vorwort

So oft ich auch durch Lippe reise:
Mein Herz pocht an die Rippe leise.

(Martin Moll)

Lippe-Detmold — was will und kann ein derartiges Lesebuch leisten, was ist Sinn und Zweck der vorliegenden Dokumentation? Zunächst will sie eine Sammlung sein, die dazu einlädt, sich einmal unter literarischem Aspekt mit Lippe zu beschäftigen, und die vielleicht dazu animiert, mehr von den Autoren und ihren Werken in Erfahrung bringen zu wollen, also: weiterzulesen.
Die Texte dieses Bandes sind dementsprechend bunt zusammengewürfelt; weder erheben sie Anspruch auf wissenschaftliche noch auf vollständige Behandlung des Themas: Beides können und wollen sie nicht. Zum großen Teil handelt es sich um Texte, die im Zusammenhang mit dem Thema Lippe bereits bekannt sind und, wenn auch zumeist nur verstreut, veröffentlicht wurden. Gesammelt und in einem Buch vereint wurden sie bislang noch nicht: Die vorliegende Anthologie ist die erste, die sich des Themas „Lippe in der Literatur" annimmt. Über die bekannten Texte hinaus — wie z. B. die von Goethe, Grabbe, Freiligrath, Weerth, Heine, von Scheffel — nimmt der Band Texte auf, die im Zusammenhang mit Lippe bislang wenig oder gar nicht bekannt sind, wobei einige, abseits der systematischen Recherche, Zufallsentdeckungen sind. Auch in diesem Sinn will das Buch Anreiz und Anregung sein: daß auch der Leser bei anderweitiger Lektüre auf Lippe-literarische Entdeckungsreisen geht. Vielleicht kann sich auf diese Weise einmal eine neue, vollständigere Ausgabe ergeben.
An dieser Stelle ist es zunächst notwendig, den Begriff „Lippe literarisch" genauer zu definieren: Gemeint ist nicht Literatur *aus* Lippe, sondern *über* Lippe. Die Fragestellung ist: Wo und wie erscheint Lippe in der deutschen Literatur, und das heißt: in der belletristischen, sogenannten Hochliteratur.
Die eigentliche lippische „Nationalliteratur", nämlich die plattdeutsche, wurde also ausgeklammert. Sie in einer neuen, aktualisierten Ausgabe zu sammeln, soll anderen vorbehalten sein.
Wenn nun mit Grabbe, Freiligrath und Weerth doch drei Autoren aus Lippe aufgenommen wurden, dann aus dem Grund, weil sie zum festen Kanon der deutschen Literatur gehören. Auf den vierten Lipper,

Engelbert Kaempfer, trifft dies zwar nicht zu, doch soll mit der Aufnahme eines Textes von ihm die Gelegenheit genutzt werden, auf den bedeutenden, in Vergessenheit geratenen Forschungsreisenden aus Lemgo aufmerksam zu machen. — Daß kein Anlaß gegeben ist, mehr lippische Autoren aufzunehmen, sagt bereits einiges über ihr Herkunftsland aus, womit wir bei einem weiteren Ziel des Lesebuches angelangt sind.

Bei der Arbeit am vorliegenden Band stellte sich bald die wohl nicht ganz unbegründete Erwartung ein, daß ein solches Buch geeignet sein könne, Aussagen über Lippe zu ermöglichen: Wie groß ist der Anteil des Landes an der deutschen Literatur, wie erscheint es über die Zeiten hinweg bei den unterschiedlichsten Autoren, wo liegen die thematischen und örtlichen Schwerpunkte? Fragen, auf die sich durchaus Antworten geben lassen. Einige wesentliche Grundzüge seien hier umrissen.

Geographischer Schwerpunkt ist eindeutig Detmold, das diese Dominanz seiner historischen Funktion als Hauptstadt des Landes verdankt. War der Hof der Residenz auch vergleichsweise bescheiden, so gab es doch eine gewisse höfische Kultur, der die Stadt u. a. das Theater verdankt, das ein kulturelles Zentrum war und Persönlichkeiten wie z. B. den — obwohl kein Dichter — aufgrund seines originellen Briefes zitierten Lortzing anlockte. In Detmold vor allem konnte eine, wenn auch begrenzte, Förderung des geistigen Lebens erfolgen, allein Detmold war ein Anziehungspunkt für Fremde, wenn auch zeitlich beschränkt. Der Höhepunkt war die Regentschaft der Fürstin Pauline (1769—1820). Das spiegelt sich darin wider, daß etliche Texte aus dieser Epoche, dem frühen neunzehnten Jahrhundert, stammen oder sich darauf beziehen, u. a. die von Goethe, Reinhard, Malwida von Meysenbug und dem Detmolder „Dreigestirn" Grabbe-Freiligrath-Weerth.

Spätestens mit dem Ende der Monarchie hat die Residenzstadt ihre kulturelle Bedeutung weitgehend eingebüßt und zieht junge literarische „Größen" nur noch an, weil die Familie dort ihren Alterssitz genommen hat wie im Falle der Unruhs, oder dient als Vorbereitungsort für Abiturienten wie Friedrich Georg Jünger.

Ein dauerhafter Anziehungspunkt scheint die Stadt hingegen auch früher nicht gewesen zu sein: Die, die kamen, blieben nicht lange, und die, die hier geboren wurden, verließen die Stadt zumeist schon in jungen Jahren. Nur einer kehrte zurück, nämlich Grabbe, und nicht aus ganz freien Stücken, wie man weiß.

Abgesehen von Detmold erscheint schwerpunktmäßig Lemgo in den

Texten, der „Rest" des Landes steht im Schatten der Residenz und der alten Handels- und Hansestadt.

Natürlich gibt es noch ein drittes landschaftliches Zentrum: den Teutoburger Wald, und das heißt natürlich: das Hermannsdenkmal, womit wir auch schon bei den thematischen Schwerpunkten wären.

Seinen größten Reiz als Gegenstand der Literatur verdankt Lippe einem höchst zweifelhaften Ruf, nämlich Ort der Varusschlacht gewesen zu sein. Wo die römischen Legionen im Jahre 9 n. Chr. ihre verheerende Niederlage hinnehmen mußten, ist bis heute nicht geklärt worden und wird vermutlich auch nie exakt zu bestimmen sein. Spätestens seit dem Bau des Bandelschen Hermannsdenkmals auf der Grotenburg bei Detmold hat sich der Teutoburger Wald jedoch als Schauplatz der Schlacht im öffentlichen Bewußtsein festgesetzt, woraus Lippe touristische und literarische Beachtung bezog und – wenn auch in schwindendem Maße – immer noch bezieht.

Die Texte, die sich dieses Themas annehmen, sind sehr kontrovers, geht es doch nicht um eine „einfache" historische Figur, sondern um ein emotionsbeladenes Symbol für nationale Größe. In diesem Sinne wurde das Denkmal erbaut, in diesem Sinn taucht es vielfach in der Literatur auf. Vor allem im Kaiserreich und im Faschismus, den Blütezeiten eines germanisch-völkischen Patriotismus, hatte Hermann in der Literatur Hochkonjunktur. Diesen Aspekt illustrieren und repräsentieren – wenn auch auf unterschiedliche Weise und aus unterschiedlichen Positionen ihrer Verfasser heraus – die Texte von Fritz von Unruh und Reinhold Schneider.

Den Gegenpol bilden die kritischen und ironischen Texte von Heine, Volker Braun und Kurt Bartsch, während Hanns Dieter Hüsch das Monument auf der Grotenburg in eher harmlosem Zusammenhang auftauchen läßt.

Zur Textauswahl sei an dieser Stelle vermerkt, daß es nicht in der Absicht des Herausgebers lag, nur Texte aufzunehmen, die seiner Auffassung und seinem Geschmack entsprechen. Im Gegenteil scheint es gerade sinnvoll, kontroverse Quellen zu zitieren, die das Thema aus verschiedenen Blickwinkeln möglichst repräsentativ beleuchten, und die sich über die Zeiten hin wandelnden Sichtweisen aus der Perspektive unterschiedlichster Autoren zu illustrieren. Gerade die Vielheit kann geeignet sein, Fragen zu stellen und Konturen aufzuzeigen.

Im übrigen lag es in der Natur des Projektes, daß die Auswahl an Texten nicht allzu groß war. Lediglich bei den Themenkomplexen „Hermannsschlacht" und „Grabbe" könnte man mühelos eine Reihe weiterer Texte finden. Um diese beiden Bereiche nicht übergewichtig zu präsentieren und weil sie anderweitig schon behandelt worden sind, wurden sie in diesem Fall bewußt eingegrenzt.

Ansonsten aber hatte der Herausgeber weniger die Qual der Wahl, die sich einstellen würde, wollte man z. B. eine Sammlung zum Thema „Berlin literarisch" o. ä. erstellen. Zweifellos würde in einer Anthologie über Berlin, München oder Wien auf lose Miszellen, wie z. B. die kurzen Auszüge aus einer Schnitzler-Novelle oder einem Roman von Wilhelm Raabe, verzichtet werden können. Bei uns aber dürfen auch Texte eines derartigen Umfangs und Aussagewertes erscheinen, als augenzwinkernder Beweis: Auch Schnitzler und Raabe haben Lippe erwähnt. Und natürlich auch Goethe.

Und Tacitus? Nur indirekt, denn dessen Textauszug behandelt ganz Germanien, wozu Lippe zweifellos gehörte. Jegliche Ähnlichkeiten mit toten oder lebenden Lippern wären also rein zufällig. Aber da eine der wichtigsten Quellen zur Varusschlacht von Tacitus stammt, darf er getrost den Anfang der Anthologie machen.

Auch kann die Aufnahme des Tacitus-Textes exemplarisch dafür stehen, daß es dem Herausgeber nicht nur darauf ankam, eine sachliche Dokumentation vorzulegen, kritische Fragen zu stellen und seiner Sammelleidenschaft zu frönen, sondern, neben dem vorgenannten, auch und vor allem eine unterhaltsame Lektüre zu bieten. Wenn ihm das gelungen sein sollte, hätte dieses Lesebuch seinen Sinn und Zweck erreicht.

Als letztes, nicht eben überraschendes Fazit, läßt sich feststellen, daß Lippe nicht nur geographisch, sondern auch im Atlas der Literatur als kleines, provinzielles Land erscheint, und doch als ein — wenn auch in bescheidenem Rahmen — lebendiges Land, denn so ganz dürftig ist das Ergebnis der Bestandsaufnahme, gemessen an der historischen Bedeutung und geographischen Ausdehnung des Landes, nun doch nicht.

Thomas Schaefer

Lippe – Land und Leute

Eine Rose ist eine Rose ist eine Rose

(Gertrude Stein)

Germania

Tacitus

Gleich nach dem Schlafe, den sie oft genug bis in den Tag hinein ausdehnen, waschen sie sich, öfter mit warmem Wasser, da bei ihnen der Winter den größten Teil des Jahres ausfüllt. Nach dem Waschen nehmen sie ihr Frühstück ein; jeder hat dabei einen besonderen Platz und seinen eigenen Tisch. Dann begeben sie sich an ihre Geschäfte, nicht weniger oft auch zu Gelagen, und zwar in Waffen. Tag und Nacht einmal hintereinander beim Trunk zu verbringen, wird keinem übelgenommen. Wie es bei trunkenen Menschen verständlich ist, kommt es häufig zu Streitigkeiten, die selten mit gegenseitigen Beschimpfungen, häufiger mit Totschlag und Verwundung enden. Aber man berät andererseits auch über die Wiederversöhnung von Feinden, die Anknüpfung verwandtschaftlicher Beziehungen und die Aufnahme in den Fürstenstand, ja schließlich über Krieg und Frieden sehr oft bei solchen Gelagen, da nach ihrer Meinung die Seele zu keiner anderen Zeit ehrlichen Gedanken aufgeschlossener ist oder sich für bedeutende eher erwärmt. Dies Volk, das weder verschlagen noch durchtrieben ist, erschließt eben noch seine geheimsten Gefühle in ausgelassener Heiterkeit; so tritt die Gesinnung bei allen unverhüllt und offen zutage. Tags darauf nimmt man die Angelegenheit noch einmal vor, und beide Zeiten kommen zu ihrem Recht: sie überlegen zu einer Zeit, da sie sich nicht verstellen können, sie beschließen, wenn ein Irrtum unmöglich ist.

*

Als Getränk dient ihnen ein Saft, der unter Verwendung von Gerste oder Weizen bereitet und ähnlich wie Wein vergoren ist; die Anwohner des Rhein- oder Donauufers kaufen sich auch richtigen Wein. Die Speisen sind einfach: wildwachsendes Obst, frischerlegtes Wildbret oder geronnene Milch; sie stillen den Hunger, ohne die Speisen besonders zuzubereiten oder zu würzen. Gegen den Durst zeigen sie nicht die gleiche Beherrschtheit. Wenn man ihrer Trinklust dadurch Vorschub leistet, daß man ihnen so viel zuführt, wie sie trinken wollen, wird man sie ebenso leicht durch ihre eigenen Laster wie durch Waffengewalt bezwingen können.

Vortreffliche Schweine

Engelbert Kaempfer

Ich lebe hier auf dem Lande, ehelos, allein und doch niemals allein noch müßig. Freunde kommen, Gäste, Kranke. Diese Windbeutel werden mir lästig, wenn sie meine Schätze anstaunen und mir die Zeit stehlen. Nirgendwo lebt man so. Ruhe hat der Mensch doch erst, wenn er zu leben aufgehört hat ... Hätte ich nur etwas zur Hand, liebster Daniel, was ich Dir als Zeichen meiner Liebe schicken könnte. Nichts bringt meine Heimat hervor als Schinken und Würste. Aber das alles habt Ihr ja bei Euch viel besser. Dieser Bezirk ist der äußerste Westfalens, und er ist ebenso berühmt durch die Vortrefflichkeit seiner Schweine wie durch seiner Einwohner athletische Gestalt und Kraft. Wenn diese hier käuflich wäre, würde ich sie Dir schicken um jeden Preis, damit Deiner und Deiner Mutter Krankheit abgeholfen würde. Freilich bin ich auch selbst nicht sehr herkulisch, daß ich diese körperlichen Vorzüge an Euch verschenken könnte, anstatt sie mir zu wünschen.

Die Externsteine

Johann Wolfgang von Goethe

An der südwestlichen Grenze der Grafschaft Lippe zieht sich ein langes waldiges Gebirg hin, der Lippische Wald, sonst auch Teutoburger Wald genannt, und zwar in der Richtung von Südost nach Südwest; die Gebirgsart ist bunter Sandstein.
An der nördlichen Seite gegen das flache Land zu, in der Nähe der Stadt Horn am Ausgange eines Tales, stehen, abgesondert vom Gebirg, drei bis vier einzelne senkrecht in die Höhe strebende Felsen; ein Umstand, der bei genannter Gebirgsart nicht selten ist. Ihre ausgezeichnete Merkwürdigkeit erregte von den frühsten Zeiten Ehrfurcht; sie mochten dem heidnischen Gottesdienst gewidmet sein und wurden sodann dem christlichen geweiht. Der kompakte, aber leicht zu bearbeitende Stein gab Gelegenheit, Einsiedeleien und Kapellen auszuhöhlen, die Feinheit des Korns erlaubte sogar Bildwerke darin zu arbeiten. An dem ersten und größten dieser Steine ist die Abnahme Christi vom Kreuz in Lebensgröße, halb erhaben in die Felswand eingemeißelt.

Zwei Briefe an Goethe

Karl Friedrich Reinhard

Frankfurt, den 9. Februar 1821
Zwei Korrespondenten habe ich seit kurzer Zeit verloren; der eine war die Fürstin Pauline von Detmold, deren letzter Brief an mich mit den Worten schloß: „je suis à vous jusqu' à la mort." In einem Zeitraum von zwölf Jahren war zwischen uns ein Verhältnis des Vertrauens entstanden, für das der Name Freundschaft nicht anmaßend klingt, und im Briefwechsel konnte sich begründen und befestigen, was persönlicher Umgang ohne Zweifel nie gestattet oder leicht gestört hätte. Sie ist bald *nach* der Abdankung, doch nicht *an* ihr gestorben; die physischen und moralischen Ursachen ihres Verfalls reichen weiter hinauf; doch bin ich nicht in Abrede, daß eben für sie der Rücktritt in den Pri-

vatstand eine neue Krankheit wurde. Was weiter von ihr zu sagen ist, steht geschrieben auf dem Boden, den sie wie ein schuldenfreies, sorgfältig bebautes Grundstück ihrem Sohn hinterließ. Ihr ganzes Land glich einem Garten; wer es vom paderbornischen Sand her betrat, glaubte in ein Paradies zu treten.

Kronberg, am Fuß des Taunus, den 4. Juli 1825
Herr von Nagler beschwerte sich neulich bei mir über eine dumme Klausel im detmoldischen Votum; „man sei willig, das Privilegium zu geben, aber man hoffe, der Buchhändler werde den Preis nicht zu hoch setzen."
Die Mutter des jungen Herrn wäre einer solchen Lächerlichkeit nicht fähig gewesen.

Anmerkung:
Im Jahr 1825 richtete Goethe an den Deutschen Bund einen Antrag, in dem er um ein Privileg bat, das seine bei Cotta erscheinenden Werke „Ausgabe letzter Hand" vor dem Nachdruck schützen sollte. Dieser Antrag wurde an die einzelnen Mitgliedsländer des Deutschen Bundes weitergeleitet, deren Regierungen für das Privileg zuständig waren. Die Gesandten der Mitglieder hatten ihre Zustimmung angekündigt. Im Lauf des Jahres wurden die Privilegien erteilt. In Lippe, wo sich der Diplomat und Goethe-Freund Reinhard für das Privileg einsetzte, gab es anfangs finanzielle Probleme, die den Eindruck erwecken, daß die lippische Sparsamkeit nicht nur ein Gerücht ist. Schließlich erteilte aber auch Lippe das Privileg. – Die „Mutter des jungen Herrn" ist die Fürstin Pauline (1769–1820), der junge Herr ihr Sohn Leopold II. (1796–1851), der seit 1820 regierte.

Der Köterberg

Jacob und Wilhelm Grimm

Der Köterberg (an der Grenze des Paderbornschen, Lippeschen und Corveischen) war sonst der Götzenberg genannt, weil die Götter der Heiden da angebetet wurden. Er ist innen voll Gold und Schätze, die einen armen Mann wohl reich machen könnten, wenn er dazu gelangte. Auf der nördlichen Seite sind Höhlen, da fand einmal ein Schäfer den Eingang und die Türe zu den Schätzen; aber wie er hineingehen wollte, in demselben Augenblick kam ein ganz blutiger, entsetzlicher Mann übers Feld daher gelaufen und erschreckte und verscheuchte ihn. Südlich auf einem waldbewachsenen Hügel am Fuße des Berges stand die Harzburg, wovon die Mauern noch zu sehen und noch vor kurzem Schlüssel gefunden sind. Darin wohnten Hünen, und gegenüber, auf dem zwei Stunden fernen Zierenberg, stand eine andere Hünenburg! Da warfen die Riesen sich oft Hämmer herüber und hinüber.

Aus Lippe

Ferdinand Freiligrath und Levin Schücking

Die größte Merkwürdigkeit des Lippischen Waldgebirgs sind die sogenannten Extersteine, besser Eggestersteine. Es ist unendlich viel über sie gefabelt und geschrieben worden: deßhalb werdet ihr mir eine neue detaillirte Beschreibung erlassen, um so mehr, als das anliegende Bild den höchst pittoresken Anblick dieser seltsamen Felsengruppe gewährt. Sie liegt eine Viertelstunde von dem Lippischen Städtchen Horn entfernt am Ufer eines Baches, die Lichtheupte genannt, über den die höchste Spitze des ersten Felsens (...) 125 Fuß hoch riesig emporragt; wie nackte Grundsäulen der Erde, von denen das verhüllende Gewand, das andere Berge umkleidet, fortgeschwemmt scheint, stehen sie da, ein imponirender phantastischer Anblick! Die einzelnen Massen sind ganz von einander getrennt; durch die beiden letzten der fünf Felsen führt die Chaussee zwischen Horn und Paderborn; den zweiten und dritten verbindet oben eine eiserne Brücke. Sie bestehen aus feinkörnigem Felssandstein, der, mit Eisenocher als Bindungsmittel gemischt, ihnen eine gelblich graue Farbe gibt. Auf dem vierten Felsen hängt ein Stein, der jeden Augenblick herabzustürzen droht und der Sage nach einst eine Lippische Gräfin zerschmettern wird. Die drei ersten gewähren von ihrer Höhe eine weitgedehnte herrliche Aussicht über das ganze anmuthige blühende Land, über die Gebirgszüge vom Köterberge in der Nähe der Weser bis zu den Höhen im Osnabrückischen. Im Innern des ersten und des zweiten Felsens sind kleine Hallen oder Kapellen ausgehauen, dort unten, hier oben, unter dem Gipfel, an dem ersten Felsen ist außerdem in uralter Arbeit unten, nach außen hin, eine Kreuzabnahme in Hautrelief angebracht; die Darstellung ist ziemlich wohl erhalten und nur von Menschenhänden hier und da verstümmelt; an beiden Seiten des Bildwerkes führen Öffnungen in das Innere; zur linken Seite der Öffnung links ist noch ein Bild des heiligen Petrus in Basrelief ausgehauen, aber bis zur Unkenntlichkeit verwittert. Man hat den Namen Exter- oder Externstein von dem Worte Exter, das im Plattdeutschen Elster bedeutet, ableiten wollen und deßhalb auch *rupes picarum* übersetzt. Besser aber ist die Derivation von Egge, Spitze, Kante, (daher Egge-Gebirge, der Name des Paderbornischen Osnings) und die Schreibart Eggesterstein. Daß man heidnische Gottheiten an diesem Steine verehrt habe, ist freilich möglich, aber eine durchaus unbewiesene Hypothese, wenn sie sich auf eine Stelle in H. Hamelmanns Schrift: „Beschreibung der Westphälischen Städte" gründet. Nach ihm soll nämlich Karl der Große hier an der Stätte eines heidnischen Heiligthums einen christlichen Altar mit den Bildsäulen der Apostel errichtet haben. Es ist allerdings faktisch, daß Karl in der Nähe von Thietmelle, d. h. die Volks-Gerichtsstätte, (von Thiet, Volk, und Mal, Gerichtsstätte,) dem heutigen Detmold einen Sieg erfocht, worauf die Schlacht an der Hase im Osnabrückischen erfolgte, welche 783 die Unterjochung Westphalens entschied, daß 785 Karl der Große selbst, nachdem er bei dem nahen Schieder und Lügde das Weihnachtfest gefeiert hatte, durch den ganzen Gau bis nach Rehme an der Weser gezogen sei: aber nirgends findet sich eine Andeutung, daß er zu den Eggestersteinen gekommen sei. Auf alle die andern fabelhaften Sagen und Behauptungen über die Eggestersteine, daß die Göttin des Morgens und des Aufgangs, Easter oder Ostara dort verehrt sei, daß sie ein Hauptsitz deutschen Lichtdienstes gewesen, daß Drusus bei ihnen in Gefahr gerathen, daß auf ihnen die gefangenen Römeranführer nach der Varusschlacht geopfert seien, daß Velleda in dem zweiten Felsen gehaust habe — können wir hier nicht eingehen; sie sind hinlänglich von Clostermeier in seiner schon genannten Beschreibung widerlegt worden. Nach ihm ist so viel gewiß, daß die Felsen von einer edlen Familie des elften Jahrhunderts an das Kloster Abdinghof in Paderborn verkauft worden seien, und daß dieses sie zu einer Stätte christlicher Andacht hergerichtet habe, vielleicht um einen Wallfahrtsort daraus zu schaffen. Zu dem Ende scheinen nun die Kapellen im ersten und zweiten Felsen ausgehauen worden zu sein; doch mochte der Hauptgottesdienst unter freiem Himmel gehalten werden, so daß die Steinhauerarbeit am ersten Felsen als Altarbild diente und unter ihr der Altar errichtet war. Die Bildhauerarbeit umfaßt eigentlich zwei horizontal geschiedene Felder, von denen das obere besser erhalten als das untere, die Kreuzesabnahme darstellt, das andere kaum noch erkennbare den Sündenfall Adam's und Eva's; der Baum der Erkenntniß, um den sich die gewaltige Schlange unten in vielen Verschlingungen windet, bildet auf dem oberen Bilde den Stamm des Kreuzes, um symbolisch die Verbindung zwischen Sündenfall und Kreuzestod anzudeuten. Die Figuren sind schlecht gezeichnet, unnatürlich lang und hager, ihre Formen jedoch kräftig behandelt und scharf hervorgehoben; auch kündet sich einige Kenntniß der Perspective an; sie stammen gewiß aus dem zwölften Jahrhundert, denn der Abt Gumbert von Abdinghof ließ sich im Jahre 1093 erst seine Erwerbung der Eggestersteine bestätigen, und wenn er auch sofort die Arbeit an denselben beginnen ließ, so kann deren Vollendung doch schwerlich vor dem folgenden Jahrhundert angenommen werden, da das Aushauen der Kapellen gewiß mühsam von Statten ging. Zwar findet man in Otfried's Evangelienharmonie aus der zweiten Hälfte des neunten Jahrhunderts (S. Schilter Thes. Antiq. Teut. I.) ein Seitenstück zu der Abbildung an den Eggestersteinen, das die rohen Umrisse eines am Kreuze hangenden Erlösers in ähnlichem Style darstellt. Aber zwei Jahrhunderte mehr mögen in jener Zeit die Künste nicht um ein sehr Bedeutendes gefördert haben; außerdem zeigt sich aber auch in der Arbeit an den Eggestersteinen schon ein größerer Reichthum von Ideen. Die ganze Architektur der Kapellen mit ihren Hufeisenförmigen Bogen gehört zudem der Byzantinik an, oder dem Neugriechischen mit arabischen Ideen befruchteten deutschen Baustyle, der vom Ende des zehnten und vom elften Jahrhundert an bis in das erste Viertel des dreizehnten Jahrhunderts bei uns herrschte und vorzüglich am Rhein die Menge seiner ausgezeichnet schönen Basiliken sich als Monumente setzte. Meister aus Paderborn mögen die Arbeit an unsren Felsen ausgeführt haben, denn dort hatte die Bauliebhaberei des Bischofs Meinverkus schon früher, im Anfang

des elften Jahrhunderts eine Schule gestiftet, aus der erfahrene Werkmeister hervorgingen.
Die Reformation beendete die Andacht an den Eggestersteinen, die früher durch Zeichen und Wunder unterstützt wurde; in der That mag keine Stätte sich besser zu einem wunderthätigen Wallfahrtsort eignen, als die Kapelle in diesen, ich möchte sagen, gespenstischen Felsen, die so mächtig auf die Phantasie wirken und unwillkührlich düstere Ideen von altem heidnischen Götterdienst und seinen Menschenopfern in uns heraufbeschwören. Weißt doch die Sage an der einen Seite des ersten der Steine die Spuren einer Flamme in dem braungelben Eisenocher nach, welche die Stelle bezeichnen soll, wo sich der Teufel gegen die Wand gestemmt, um das christliche Heiligthum zu stürzen und zu zerstören. Das unendlich Düstre, Grauenhafte, tief auf die Phantasie wirkende, das gewöhnlich in den Physiognomien wunderthätiger Bilder liegt (bei der ganz schwarzen Madonna von Loretto hat z. B. die Farbe diese Wirkung; am gräulichsten mag wohl Notre Dame de Puy in Süd-Frankreich sein, wahrscheinlich ein heidnisches Idol ursprünglich), läge hier in der ganzen Umgebung.
Im Jahre 1659 bekam der Großherzog Ferdinand von Florenz den seltsamen Einfall, den Eggesterstein zu kaufen; die Verhandlungen darüber wurden zwischen einem Domdechanten von Paderborn und einem Landdrosten Levin von Donop geführt; die gebotenen 60,000 Kronen wurden aber nicht angenommen und der Handel zerschlug sich, vielleicht weil man die Absicht entdeckte, die frühere katholische Andacht dort wiederherzustellen. Um die jetzige Zugänglichkeit der Felsen durch Treppen und Brücke haben sich der Graf Herrmann Adolph von der Lippe im siebzehnten Jahrhundert, der sie durch Thürme und Mauern befestigte, und, nach der Zerstörung von dessen Vorrichtungen, die unvergeßliche Fürstin Pauline von der Lippe verdient gemacht.
Eine Sammlung der vielfältigen Bilder in Kupfer- und Steindruck, welche die Eggestersteine darstellen, habe ich die Wände des Zimmers schmücken sehen, welches Grabbe in seinem Hause zu Detmold bewohnte; ich dachte dabei an seine Werke, die mir immer wie im Angesicht der Eggestersteine, oder in ihren düstren Kapellen concipirt schienen; ja, ich möchte sie selbst die Eggestersteine unsrer Literatur nennen, so massenhaft phantastisch, so nackt und entblöst von den umhüllenden Gewändern einschmeichelnder weicher Phrasen stehen sie da; die Hand der Cultur hat sie nicht geglättet, nicht gefeilt, sondern die Umrisse mit gewaltiger Hand und schmetterndem Meißel scharf aus dem Rohen herausgehauen, wie jene Kreuzabnahme der

Byzantinik. Wenn ihr das trunkene Genie dieses Dichters aus seinen gigantisch großartigen Schöpfungen verehren, aus seinen Hohenstaufen-Tragödien, wo er mit Wolfram von Eschenbach so unendlich weiche und tiefe Klänge wie verwehte Geisterstimmen aus seinen Saiten lockt, lieben gelernt habt, so kümmert euch vor Allem nur nicht um ihn hier, wo wir in seiner Heimath sind. Soll euch die Wahrheit und das Verständniß des viel angefochtenen Wortes: „Der Dichtung Flamm' ist allezeit ein Fluch!" mit all seiner unsagbaren Wehmuth aufgehen? Laßt es lieber unverstanden, laßt das irdische Sein des Dichters und alle Erinnerungen daran in den weiten Wäldern der Teutoburger Berge verschollen sein, in die er ja heimzog vom fernen Rhein, um in ihnen zu sterben. Es sind so manche Erinnerungen schon in ihnen verschollen; aus dem Säußeln in ihren Ästen hört Niemand mehr das Ächzen erschlagener Römer, das Flehen sterbender Sachsenhelden heraus, die unter zuckenden Frankenbeilen zu ihren Göttern riefen; laßt in ihren Wehen auch den Hülferuf ihres letzten Helden zerrinnen, der in einen grimmen Streit gestellt wurde, in den Kampf mit dem Leben, aber keine Waffen hatte, um ihn zu bestehen; konnte er anders, als nach dem nächsten greifen, um sich zu wehren und es dem Gegner an den Kopf zu schleudern, nach dem Nächsten, das bei ihm stand und das unglücklicher Weise eine Rumflasche war? – In einem andren Lippischen Städtchen, Blomberg, war früher ein berühmtes Kloster bei einem Wunderbrunnen, zu dem von Nah und Fern die Siechenden strömten, um Genesung und Heil aus ihm zu schöpfen; die wunderbare Kraft aber war also über den Brunnen gekommen: es lebte eine arme Frau in Blomberg, die trieb ein gleiches Gewerbe mit ihrer Nachbarin, und blieb arm, während jene täglich reicher wurde; da fragte sie: „Wie macht Ihr es, Nachbarin, daß Euch alles gelingt, was Ihr vornehmt, und mir nichts, obwohl auch ich nicht faul bin?" Die Nachbarin versetzte lächelnd: „Ihr müßt einen Gott im Kasten haben, wenn Euer Gut gedeihen soll; die Arbeit allein thut es nicht." Das lag der armen Frau lange im Sinn; endlich entschloß sie sich, den Gott, der in der Kirche auf dem Altar stehe, zu nehmen und ihn in ihren Kasten zu legen; deßhalb ließ sie sich in der Kirche nach dem Gottesdienste einschließen, nahm die Hostie aus der Monstranz und schlich zitternd, als die Kirche wieder geöffnet wurde, nach Hause. Bald darauf aber wurde der Kirchenraub entdeckt, und die Untersuchung sollte mit einer Haussuchung beginnen; deß erschrack die arme Frau sehr, nahm ihre Hostie und warf sie in den Brunnen; aber sie wollte natürlich nicht untersinken, und wie jene auch rühren mochte, die Hostie wurde von den suchenden Mönchen entdeckt, und die Frau gefoltert und verbrannt; der Brunnen jedoch empfing von ihrer That eine Wunderkraft, daß er die Segnung der Gegend wurde. Das ist eine Mähr aus alter Zeit, in der man einen tieferen Sinn suchen könnte, als die Mönche, welche sie aufbewahrt und benutzt haben, darin ahnten. Die Alte, die es wagte, den Gott von dem Altar zu nehmen, worauf man ihn nun einmal gestellt, die es wagte, mit der ganzen heiligen Kraft seines wunderbaren Wesens das Wasser ihres Brunnens zu weihen, daß Genesung und Heil für alle Leidenden daraus entquoll — ward gefoltert und verbrannt. Ist nicht der Dichter so der Herr eines Wunderbrunnens, dessen Gewässer er durch einen Strahl der Göttlichkeit und mit der ganzen heiligen Kraft eines wunderbaren Wesens zu weihen die Kühnheit hat, daß nun Alle Heil daraus trinken oder magische Labung, während ihn selbst das Leben foltert, der Dichtung Flamme verzehrt? Laßt ihm dann mindestens die Weise, wie er seiner Qualen Herr zu werden, wie er sie zu übertäuben glaubt; laßt auch dem armen Grabbe, der euren Gott in den Brunnen warf, seine Weise, seine Rumflasche und sonstige Unanständigkeiten — er ist ja todt, das Leben hat über ihn gerichtet — er ist verbrannt! [...]

Die schönsten Parthien, die man von Detmold aus machen kann, sind die zum Falkenberge, auf die Grotenburg oder den Teut, und die, welche diesen Berg zur Linken lassend, durch die Schlucht, welche er mit seinem westlichen Nachbar bildet, dann links um die Grotenburg herum, immer durch die herrlichsten Buchenwaldungen und Eichenhaine, zum Petri-Stieg führt, wo eine schöne weitgedehnte Aussicht sich bietet auf ein reich bevölkertes und bebautes Land, dem nur die Windungen und Gestade eines großen silberwogigen Stromes fehlen, um sich kühn den berühmtesten Aussichten unsres Vaterlandes an die Seite stellen zu dürfen. Zunächst im Thale unten liegt das Dorf Heiligenkirchen, das aus seinem grünen Laube mit den rothen Ziegeldächern, dem hohen Thurme und der pittoresken alten Kirche freundlich hervorschaut; das herrliche Thal der „Berlebecke" führt unten von Detmold her zu diesem reizend gelegenen Orte, der, einer der ältesten im ganzen Ländchen, schon 1036 in einer Urkunde vorkommt; ja Karl der Große selbst soll die Kirche den Heiligen gestiftet haben, welche ihm zu seinem Siege über die Sachsen bei Thietmelle beistanden. —
Aber eine noch romantischere Parthie, eine kühne Wanderung ist die, welche ich jetzt euch vorschlage; es gilt nämlich nichts geringeres, als die erste beste der Höhen des Osnings zu erklimmen, welche das Thal von Detmold gegen die Stürme des Südwests beschirmen und dort oben von Kuppe zu Kuppe, durch Schlucht und Hain, und Busch und Stein einen Weg uns zu brechen, immer dem Zuge gen Nordwesten

nach, welchem die Berge folgen. Sie ist mühsam, die Reise, aber wir stehen auf dem Boden altdeutscher Kraft und altdeutschen Siegesstolzes; wie ein Gefolgsherr, der durch die Wälder seinem Drange nach Abentheuer folgt, schreit' ich voran, das Eichenlaub meines Hutes unser grünes Banner, und ihr folgt mir als getreue Gesaljo's, die Gesellen nach dem Rechte der Waffenbrüderschaft, das euch verbindet, mit mir zu stehen und – zu fallen, ein Umstand, der leicht eintreten kann. Oben auf der Höhe winkt der Lohn, der Blick in die weiteste Ferne, die wir mit den im Sonnenstrahl leuchtenden Waffen siegreicher Gedanken uns unterthänig machen, um dem überwundenen Volke der Philister, das da unten haust, den dritten Fuß seines Gebietes abzunehmen; wir wollen es für uns, für die Romantik und die Poesie.

Die Armen in der Senne

Georg Weerth

Von den Höhen des Teutoburger Waldes sieht man in eine weite Ebene, die Senne genannt, deren ödester Theil sich zwischen Paderborn, Bielefeld und dem Fürstenthum Lippe hinzieht. Sie gewährt einen eigenthümlichen Anblick, der sich wohl am besten mit der Aussicht vergleichen läßt, die man in der Abenddämmerung, von einem höhern Punkte des Strandes, auf die See hat. Die Täuschung wird noch größer, wenn in den Strahlen der untergehenden Sonne, oder im Mondlicht, die dunklen Wasserflächen einiger Teiche zu leuchten beginnen, die hin und wieder den Sand durchschneiden, und gewöhnlich von kleinen Fichtengehölzen umgeben sind. In solchen Augenblicken gewinnt die Gegend, keineswegs einen schönen, vielmehr einen höchst unheimlichen und wahrhaft geisterhaften Anstrich. – Die Umrisse einiger Meierhöfe und zerstreuter Baumgruppen verschwinden und bald gewahrt das Auge nur noch den schwarzblauen Farbenton der Ebne, über welche die Nebel in weißen Wogen hereinbrechen. Dem Beschauenden scheint dann der geheimnisvolle Geist jener Wüste vorüberzuschweben, – jener Wüste, in welcher schon so vieles auf und nieder ging, – in deren Sand die Waffen der Römer verrosteten, in der

Franken und Sachsen im Kampf aneinander rannten, in welcher der tollste Hexenspuk sein Wesen trieb, und – die jetzt wohl die unglücklichsten Bewohner des einst so gewaltigen Westphalens bevölkern. Wir wollen von den Bergen hinuntersteigen und uns auf dem eigentlichen Terrain näher umsehen. – Eine Wüste nannten wir jenen Landstrich, und dennoch bevölkert! Leider ist dieß nur zu wahr; – denn auch hier, wo die Natur dem Menschen geradezu untersagt zu haben scheint, sich anzubauen, hat der Arme, dem kein besserer Boden zu Theil wurde, sein Korn der Erde anvertraut. Hier und dort, wo der Sand fester und feuchter ist, sieht man Buchwaizen und Hafer in dünnen Halmen aufschießen; gleich daneben, hinter einem Zaun, aus Birken geflochten, weidet eine magre buntgefleckte Kuh, wohl die einzige Trösterin des Bauers, der nicht weit davon aus Lehm und Baumzweigen seine niedrige Hütte aufgeschlagen hat. Treten wir an die Thür derselben, da schlägt uns ein dichter Rauch entgegen, denn für einen Schornstein hat man nicht gesorgt. Ist im Winter der Heerd erloschen, da muß der in der Hütte zurückgebliebene Rauch und Dunst noch wärmen. Gehen wir vorüber, da laufen uns einige zerlumpte Kinder nach; sie halten die Hände gefalten und murmeln eine Sprache, welche Niemand versteht. Aber in den kümmerlichen Blicken kann man lesen, was sie wollen, und gebt ihr einem kleinen Mädchen mit hellblonden Haaren, eine Silbermünze, da ist es mehr als sie je besaß, mehr als sie in mehreren Wochen durch Flachsspinnen verdienen kann. – Es ist so rührend-komisch, wenn man mit einem Bauern spricht, welcher eben aus Friesland zurückkommt, wo er einige Monate für Lohn arbeitete. Seine Augen blitzen vor Freude; er bringt Geld mit, Geld in dem kleinen ledernen Beutel; das kleine Geld ist unterdeß leidlich gediehen; – die Kuh ist noch am Leben; er dünkt sich reich und glücklich! Da sieht er plötzlich seine Kinder herbei laufen und er wird ernst und still; es fällt ihm ein, daß Alles vielleicht nicht hinreicht, um die junge Brut durch den Winter zu bringen.

„Aber, beim Teufel, lieber Mann, weßhalb hat er auch so viele Kinder!" Ja, sagt der Bauer dann, die Obrigkeit ist auch gar nicht damit zufrieden. Seh'n Sie, wenn unser Eins heirathen will, da muß er erst auf dem Amt 150 harte Thaler vorzeigen können, und kann er dieß nicht, da mag er gehn, – er wird nicht copulirt. Wenn ich nun unsers Nachbars junge Liese gern leiden mag und kein Geld habe, was thue ich dann? Entweder muß ich bei einem Paderborner Juden das Geld borgen und abscheuliche Procente bezahlen; oder – und dann sieht mancher junge Bauer verschämt zur Erde. –
Am schlimmsten sind die Leute daran, welche sich durch irgend einen

günstigen Ackerfleck verleiten ließen, mitten in die eigentliche Senne zu ziehen, denn dort sind sie, wenn im Winter die ohnehin ungangbaren Wege ganz verschneien, von aller Welt abgeschnitten. Der Vorrath von Kartoffeln geht bald zu Ende; durch die schlechte Witterung, welche die Lehmwände der Hütten naß und feucht macht, brechen Krankheiten in's Haus herein; — mehrere Glieder der Familie liegen schon, die Alten an der Gicht, bei Jungen am Nervenfieber darnieder, — da macht der Gesundeste sich auf und eilt zu dem Prediger des nächsten Dorfes. Der soll trösten, helfen, retten. Man sagt ihm, ein Sterbender wünsche die Sacramente. Er kommt an Ort und Stelle, sieht den Jammer und die Noth, sieht aber auch ein, daß das Heiligthum hier weniger helfen kann, als eine wollene Decke, als ein gutes Brod. Ist es in seiner Macht, so unterstützt er aus eigenen Mitteln, bescheinigt aber gewiß den kläglichen Zustand jener Armen, damit sie aus der nächsten Ortschaft ihren Pfennig von der Behörde und die Hülfe eines Arztes bekommen. Leider sind manchmal die Einkünfte einer Gemeinde aber nicht so groß, um jedem unglücklichen Einlieger helfen zu können, und, was noch schlimmer ist, oft findet sich auch, daß ein Bauer, nachdem er bei dem Gemeinde-Vorstand um Unterstützung angehalten hat, gar nicht zu dieser gehört, also kein Recht darauf hat. — Die Gränzen der Länder, in jener Ebene durch nichts Hervorstechendes markirt, waren ihm nicht bekannt; er weiß nicht, ob er ein Preuße, ein Lipper, oder was sonst ist und ehe er sich von der einen Behörde an die andere wenden konnte, ist der Tod in seine Hütte hereingebrochen, und hat mit seinem kalten Kuß allem Leid ein Ende gemacht.

Vor nicht gar langer Zeit fuhren wir von der Lippe'schen Gränze in's Preußische hinüber und wurden auf dieser Postwagenreise durch den Sand mehr hin und hergeworfen, als in dem luftigsten Sturm auf dem Kanal. Hinter uns lagen die altsassischen Wälder, in denen wir noch am Morgen einen der größten Hirsche ventre à terre vorüber rennen sahen, — vor uns dehnte sich die Ebene mit ihrem rothblühenden Haidekraut, das immer höher aufwuchert, wo ein Teich den Boden feuchter macht. — Einige Kibitze, die schlanken Bewohner der Haiden, hüpften über das Moor und ergötzten uns durch ihr helles Geschrei, in das bisweilen ein alter Frosch mit verständiger, ernster Stimme einfiel. Nebenbei lenkte ein alter Förster unsre Aufmerksamkeit auf einige Fichten, in deren Umzäunung wir die Trümmer einer Hütte bemerkten, die das Feuer jüngst zerstört zu haben schien. Die Geschichte, welche der alte Mann darauf erzählte, machte bald unserer heitren Stimmung ein Ende. —

„Im letzten Winter, als abwechselnd durch Schnee und Regen, alle Wege durch die Senne ungangbar waren, hatte in jener Hütte, welche jetzt als Trümmer vor uns lag, die Noth ihren Gipfel erreicht. — Ein junger Bauer verlor sein Weib, was ihm sechs kleine Kinder hinterließ. Sie zu ernähren, war das wenige Geld, was er aus Friesland mitbrachte, bald drauf gegangen und eine gänzliche Mißerndte machte, daß seine Scheune diesen Winter ohne den gehörigen Vorrath von Früchten blieb. Dazu kam noch das lange Darniederliegen des Leinen-Handels, der von England aus mit so großem Erfolg betrieben wird, und der den Bauern jener Gegend, welche früher das Garn mit Nutzen zu Markte trugen, jetzt jede Möglichkeit nimmt, ihr Leben dadurch zu fristen. — Alles hätte den jungen Bauer indeß noch nicht niederbeugen können, denn noch blieben ihm ja zwei tüchtige Fäuste, die zu jeder Arbeit bereit waren, und bei dem Bau des Armin-Denkmals in jener Zeit gerade die beste Gelegenheit dazu fanden. — Aber, wie durfte er sich Tagelang von seiner Hütte entfernen, — sechs Kinder kauerten halb nackt am Feuer und im Winkel der Stube lag auf hartem Strohlager der alte Vater, krummgezogen von der Gicht, von den fürchterlichsten Schmerzen geplagt, — der weinend seine Knie umfaßte und ihn bat, nicht davon zu gehen. — Mehrere Male war schon das größeste der Kinder in das nächste Dorf geschickt zu dem Prediger. „Der Vater sei so krank", ließ man ihm sagen, „er möge doch mit den Sterbesakramenten kommen."
Der Pastor war jedesmal erschienen, — aber wozu der Trost schöner Worte? — Man ließ ihn rufen, weniger der Gottseligkeit wegen, als daß er noch ein Mal die Noth sähe, noch ein Mal eine Unterstützung auswirkte, oder vielleicht noch ein Mal in die eigene Tasche griffe; denn der kranke Vater machte noch keine Sterbemiene; — sechzehn Wochen lag er schon am Boden, er war an Schmerzen gewöhnt, er wollte leider noch nicht sterben. — So ging der halbe Winter vorüber, die Gegend war von dichtem Nebel umhüllt; — bald konnte man kein Kind mehr hinausschicken, — es wäre in den sumpfigen Wegen, im Schnee, auf den unsichern Sandschichten unrettbar verloren gewesen; — die Hülfe der Nachbarn wurde durch die vielen Armen immer kleiner, manchmal blieb sie ganz aus, und vom Hunger angestachelt, jammerten dann die Kinder in der Hütte umher. —
Als die Sonne wieder einmal roth hinter den fernen Bergen hinabgesunken war, und in und um die Hütte das tiefste Dunkel lag, schleicht der junge Bauer aus der Thür, geht an die Wand, hinter welcher der kranke Vater lag, er schauert zusammen, zerdrückt noch eine Thräne im Auge — und mit kräftigem Stoß reißt er die morsche Lehmwand

auseinander. — Der Kranke, gänzlich erschöpft, ist gerade in festen Schlaf versunken, er merkt nicht, daß ihm der kalte Nachtwind über das Gesicht streicht, und als er endlich wach wird, sich nicht von der Stelle bewegen kann und um Hilfe wimmert, — da hört ihn Niemand, — man ist an das Jammern gewöhnt; — der Sohn verbirgt sein Gesicht im Stroh, — die Kinder schlafen. — Der Nebel ist indeß verschwunden, — in der Nacht wird es sternhell, — es wird bitter kalt. — Um Mitternacht ist der Alte schon besinnungslos — als der Morgen kommt ist er todt. —
Jetzt hat der junge Bauer nur noch für die Kinder zu sorgen. Nach einigen Tagen sieht man die Hütte in Flammen aufgehn. — Der Eigenthümer steckte sie selbst in Brand, und zieht mit den Kindern auf die nächsten Dörfer, um zu betteln. —
Wir schreiben dies in einer Fabrikstadt Englands, in einem ächt chartistischen Loch, in dem Armuth und Unheil zu Hause ist; man hat uns manche Sachen erzählt, die das Herz beben machen können, aber Geschichten, wie die erzählte aus der lieben Heimath, sind doch auch des Schauderns werth. —

Frau Einsamkeit

Hermann Löns

Die Einsamkeit wollte ich haben, nicht die schmerzliche, traurige, verlassene, die nicht, aber meine stille, gute, kluge, liebe Einsamkeit, die mir zuredet mit leisen Worten, die mir ihre stillen Lieder singt und mit mir geht, stumm und froh, durch die braune Heide, durch große, ruhige Weiten, die mir lieber sind als der schönste Wald, als die gewaltigsten Berge, als die herrlichsten Wasser.
So wanderte ich von Bielefeld über sonnige Höhen, wo die goldenen Ziströschen im dürren Grase brannten, durch alte Wälder, in denen kein Vogel mehr sang, über hohe, braune Heidhügel, deren strenge Farbe ein dürftiger Rosenschein milderte, nach Örlinghausen und weiter zur einsamen Senne, dem Lande, das nie der Wanderer besucht, das nie die Neugier betritt, in dem die Menschen so spärlich sind und

die Häuser so dünn gesät; ziellos und planlos wollte ich wandern, den Zufall zum Handweiser nehmend und die Wagengeleise als Straße, keine Karte, kein Reisebuch in der Tasche, die von Sehenswürdigkeiten reden und schönen Punkten, wo viel Volk ist und die Menge sich staut.

So stieg ich bergauf, an der Hünenkapelle auf dem Tönsberg vorüber, durch Buchenwald, in dessen Schatten die Bickbeersträucher strotzten vom Segen der Waldfrau, vorüber an Quellsümpfen, mitten durch enkeltiefen Treibsand, bis sie vor mir lag, die herbe Senne. Und da sah ich auch sie, sah das gute Gesicht der ernsten, stillen Frau, und meine Augen nur grüßten sie, Frau Einsamkeit. Um ihren Kopf wehte ein zarter grauer Schleier, um ihre starken Glieder floß das braune, gelb geflammte, rosig überhauchte, grün besetzte vornehme Kleid, das langhin schleppte und den Treibsand mülmend aufwirbeln ließ; und so stolz sie ist und so langweilig sie sein kann bei lautem Volk, mich mag sie gern, und mir ist sie gut, weil ich gerade so still bin wie sie und nur froh bei ihr; denn sie ist eifersüchtig und duldet keinen neben sich; und so legte sie die feste, abgebräunte, schöne Hand in meine und schob ihren Arm unter meinen und ging mit mir, den Rand der Senne entlang.

Einen Teppich hatte sie breiten lassen unter unseren Füßen, weich und schön. Blühende Heide war es und schneeweißer Sand und blaues Büschelgras, gestrickt mit goldgelbem Habichtskraut; und da Grauduft den Himmel verbarg, so hatte sie ein Stück Himmel heimlich mitgenommen und ihn zerpflückt und gab den Stückchen Leben und streute ihn nun vor uns her, daß er tanzte über die rosige Heide, ein Gewimmel kleiner blauer Falter, die jeder goldenen Sternblume einen Kuß gaben und immer weiter vor uns hertanzten, leicht und lustig. Und auch ein bißchen Sonne hatte sie gestohlen und in große, gelbe Schwalbenschwänze verwandelt, die vor uns hinschwebten. Und um jedes dürftige Heidblümchen summten die Immen, und überall siedelten die Heimchen, und der Föhrenwald brummte undeutliche Lieder in den Bart.

Ach, was war das schön den Morgen, als dann die Sonne uns lachte! Alles so ruhig, so groß, so sicher weit und breit zur Rechten, wo aus der weiten Heide ein weißer Weg schimmerte, ein spitzer Turm glänzte, ein rotes Dach leuchtete in dem Braun und Grün, und links, wo am Berg im Buchwald die Sonne die Farne golden bemalte und das Moos leuchten ließ. Der Buchenwald links so laut und lebhaft im Wind, und rechts die Senne, still zuhörend seinem Geplauder.

Einmal nur fühlte ich den mahnenden Fingerdruck meiner Begleiterin

auf dem Arm und blieb stehen. Mit den Augen zeigte sie nach dem Horst windzerzupfter Krüppelföhren. Dahinter schob es sich rot zum Holze hin mit langen schlanken Läufen und beweglichen Lauschern und großen, dunklen Augen, hier noch ein Hälmchen rupfend, da ein Blättchen nehmend, ein Rudel Wild. Lautlos glitt das Wild über den Weg und zerfloß im Schatten der Buchen. Und noch einmal drückte Frau Einsamkeit meinen Arm und lächelte. Da standen zwei Frauen, halb gebückt, noch die Braken, die sie zur Feuerung suchten, in den Händen, und sahen uns still verwundert an. Wann kommt hierher wohl je ein Stadtmensch? Stumm nickten sie auf unser stummes Nikken und sahen uns nach.
Als die Sonne den Morgennebel fortjagte, da summten fröhlicher die Immen, tanzten vergnügter die Bläulinge, goldgrünschimmernd flog vor uns her der Sandläufer flinke Schar, silberflügelige Insekten umknitterten uns. Auch der Wind lebte auf und stieß die ernsten Föhren in die Seiten, daß sie mürrischlustig brummten, und den Triebsand nahm er und begrub darin die schwarzen Föhrenäpfel und die silbergrauen Wurzeln und krümelte ihn auf die sonnenfaulen Eidechsen, daß sie ängstlich in die Heide schlüpften.
Ein Mensch begegnete uns, ein Mädchen, groß, blond, blauäugig, das mit den starken braunen Armen die schwere Karre voll Plaggen vor sich hinschob in dem Mehlsand. Freundlichernst nickte sie uns zu. Ob sie wohl wußte, wie schön sie war in ihrem selbstgewebten Rock, mit dem schlichten Haar? Der Hermann da oben schien sie zu grüßen, das Bauernmädchen, mit hochgerecktem, grünblitzendem Schwert als eine Urtochter von denen, die als Mütter ihm Söhne gaben, Feinde zu würgen und Räuber zu schlachten, gleichgültig und erbarmungslos, wie es das Raubzeug verdient. In den grünen Wald gingen wir dann, wo die zarten Farnfächer im Winde zuckten und die Schatten mit den Lichtern Kriegen spielten, bis schwarzweiß und grün der Dörenkrug uns winkte zur Rast unter schattigem Lindenbaum, zu kurzer Rast, und dann nahm uns wieder auf kienduftiger Wald, eines toten Fürsten Jagdrevier. Hier hatte er geweidwerkt Tag für Tag, der Eisbart Waldemar, und auf den edlen Hirsch gepirscht in Abendnebel und Morgentau, in Frost und Glut. Wer weiß, was ihm das Leben getan hatte und die Menschen, daß er ihnen aus dem Wege ging und immer da sein wollte, wo Fährten den Boden narbten und Schälfstellen die Rinden zerrissen, wo unter den Schalen des Edlen das Geknäck brach und wo des Starken Brunstruf klang über Berg und Tal, wo der grimmige Basse seine Gewehre an den Knorrwurzeln der Eichen wetzte und Wodans Rabe

über braunzapfigen Wipfeln krächzte. Hier lebte er mit Frau Einsamkeit, bis ein Stärkerer ihm zurief: „Jagd vorbei!"
Am Donoper Teich standen wir dann lange und sahen in die klare Flut, in der Nixenkraut grün vom Grunde wucherte; uralte Bäume flüsterten und rauschten, und der Bach schwatzte, wie ein Kind in ernster Leute Kreis. Aber laute Menschen störten uns fort vom stillen Ort, und weiter zogen wir, an tückischem Machangel und waffenstarrendem Fubusch vorbei, an toter Eichen Gespensterleibern, an Dickungen, in denen die Sauen bliesen, auf Lopshorn zu, des toten Waidmanns Jagdschloß. Der Markwart meldete uns krächzend, die Amseln schimpften, und mißtrauisch sah Hirschmann, der rote Schweißhund, den unbekannten Landläufern entgegen, bis seine feine Nase ihm verriet, daß wir wohl wert wären einer freundlichen Begrüßung. Ein Stündchen Ruhe in kühler Hopfenlaube, bis die laute Neugier auch hierher kam und uns weiter trieb auf die weiße Kalkstraße, wo uns Riesenbuchen Schatten gaben, bis uns mit Sand und Heide und Föhren die Senne wieder aufnahm. Unter dem Schatten der Föhren im dürren Grabengras schauten wir stumm in die lange, breite Trift, die schwarze Föhren ummauerten. Wir träumten von alten Tagen, wo noch der Elch hier stand. Unser Traum trat uns in die Augen. Zog es da nicht heran, hoch im Widerrist, zwischen den Stämmen? Schnaubte es da nicht laut und wild? Die freien Sennepferde waren es, wohl dreißig, die da, ledig von Zaum und Eisen, nackt und ungeschirrt, über die Trift zogen, die Nasen im Wind, wie Wild. Und eins warf sich in den Mehlsand der Trift und wühlte sich, daß es mülmte, und noch eins, und wieder eins, eine gelbe Wolke qualmte zwischen den schwarzen Föhren, aus ihr zuckten Beine und Hälse und Schweife, und ein Gewieher erklang, so frei, so stark, wie nie ein Roß wiehert, das Zaum und Zügel kennt. Wir lagen mäuschenstill im Grase, an den freien Tieren die Augen labend, bis Stück auf Stück aufstand und weidend und wedelnd drüben in den Föhren verschwand. Lange noch hörten wir ihre Glocken klingen.
Dann tauchten wir wieder in der Senne unter, in der Kammersenne, die weit und unabsehbar vor uns lag, immer gleich und immer anders, so arm und doch so reich. Stunde auf Stunde verrann, keine Seele begegnete uns. Da ein Dach, dann wieder eine Stunde Einsamkeit, dann ein Hof, und wieder eine braune Weite, flache, rosige Hügel, eine krüpplige Föhre, einige Sandblößen als weithin sichtbare Merkzeichen darin, aber kein Bach, kein Teich, nur die arme dürftige Heide. Ganz langsam gingen wir hier mit weitem Herzen und offenen Augen, glücklich und still, noch eine Stunde und noch eine, bis die Straße nach Horn in Sicht kam und viel laute Menschen.

Erst dann zog Frau Einsamkeit ihren Arm unter meinem fort und nickte mir zu, und das Nicken sagte: „Auf Wiederkommen!" Und mein Nicken sagte auch: „Auf Wiedersehen, Frau Einsamkeit!"

Schwalenberg und Wilbasen

Peter Hille

Es wird Mode in literarischen Kreisen, sich ein Schloß zu mieten oder zu kaufen. Die Wellen dieser Bewegung ergriffen auch mich.
So bin ich denn hier in meiner Heimat und sehe mir was an. Es hat so etwas Vertrauliches, sicher zu Füßen Liegendes, dies Schwalenberg mit seinen braven Fachwerkhäusern. Wie Untergebene, auf die man sich verlassen kann, die uns immer zur Verfügung stehen, so die Wälderrücken und die wellenden Ackergebreite wie die umfriedeten Wiesen.
Von einem steilen, roten Dache suchte blauer Rauch die Bläue des Himmels, wie ein Bach das Meer sucht.
Zu diesem Hause bergan floß der Stadtbach in seiner muntern tagesklaren Zeile. Ja, er floß wirklich etwas hinan: Es war nicht ganz Täuschung. Hatte er doch soviel Druck mitbekommen von seinem nahen Quell, daß für seine erst durch eine Mühle in die Arbeitswelt eingeführte Kraft es eine Kleinigkeit war, noch so nebenher das Naturgesetz zu überwinden und mal ein bißchen bergan zu fließen.
Hatte es doch für ihn den Reiz der Neuheit, und machte den guten Schwalenbergern dieser kleine Scherz soviel Freude! Nicht wenig stolz waren sie auf diese Merkwürdigkeit und führten mit Beflissenheit jeden ihrer Besucher, der für Naturgenuß noch zu haben war, hinaus an diesen Wunderbach.
Und dann erst nahmen die mehr Gebildeten ihre Gäste mit vor das Rathaus mit seinem kraus und reichlich geschnitzten Säulengang und Giebel. Hier entzifferten sie ihnen eine Stelle aus der über den Fries sich hinziehenden plattdeutschen Inschrift: „Minsch, bedenke, wat de bedenkst!"
Weiter war noch keiner gekommen.

Seit zehn Jahren, seit jenem denkwürdigen Tage, da man den Bürgermeister Heitemeier unter Glockengeläute und Böllerschüssen feierlich eingeholt hatte, sprach man davon, wie man nächstens die Inschrift anstreichen und so durch die Farbe den Inhalt mehr hervorheben wollte; — noch immer aber ließ der ersehnte Überschuß auf sich warten.

Indes man hatte Hoffnung auf die reiche Obsternte gesetzt, die doch jedenfalls einige zahlungsfähige Übertreter vor die Schranken des Gesetzes bringen würde.

Besonders ins Auge gefaßt hatte der Feldhüter den Rudolf Kleine, Sohn des Gendarmen, der mit elf Kameraden die Rektoratschule des Ortes besuchte.

Das war ein wilder Range, dem sogar der väterliche Rohrstock kein sittliches Verhalten beizubringen vermochte. Und mit der Standesehre eines Gendarmeriewachtmeisters vertrug es sich doch nicht, daß man seinen Sohn auf einen Tag in Haft spazieren ließ. Auch würde vermutlich dieser eine schlechte Apfel noch einige gute anstecken und zu einem Raubzug aufmuntern.

Dann hatte man die sechs oder neun Mark und damit den Anstrich. Als ich von der steilabfallenden Bach- und Gartenseite der Hassenburg zurückkam, stieg aus dem schauerlichen Dunkel des Burgverließes ein Gefangener hervor. Hinter ihm tauchte der Schnauzbart eines ziemlich schäbig uniformierten Gefangenenwärters auf. „So, nun lassen Sie sich nicht noch einmal betreffen, sonst gibt's Arbeitshaus!" Der Landstreicher zog ausdruckslos seinen Filz und ging davon mit unsicher freien, gleichsam dünnen Schritten, die sehr bald wieder in das feierlich verstohlene Schleichen des Bettelnden sich verwandeln dürften. Er fühlte nach seiner Tasche, und da er die Härte des Brotes, das er zu essen vergessen hatte, ärgerlich als Beschwerung empfand, schleuderte er es im weiten Bogen in den Tiergarten. So nannte man die Südseite des Schwalenberges mit ihren ravelinartigen Ausbuchtungen; denn die früheren Herren von der Hassenburg sollen hier einige Bären angebunden haben. Und das bringt bekanntlich auf den Hund.

Die Ahnen haben die Kreuzzüge mitgemacht, die Enkel sind Tagelöhner und fallen meistens der Gemeinde zur Last, da sie wegen ihrer Trunkfälligkeit keiner behalten will.

Eine jener Schwalben, die dem Berge den plattdeutschen Namen Schwalenberg erworben hatten, senkte die zierliche Welle ihres Fluges auf das fortgeworfene Brot, flog indes, da sie mit dem harten, porös schneidenden Dinge nichts anzufangen wußte, wieder zu ihren Mükken zurück.

Indessen war der Polizeidiener bei mir stehen geblieben: „Schöne Aussicht! Waren der Herr schon oben?" Ich verneinte. „Ja, das müssen sie sich mal ansehen. Gut, daß Sie mich getroffen haben. Ich habe da oben nämlich Korn liegen für die Leute im Orte, die selbst kein rechtes Gelaß haben dafür. Es liegt da oben luftiger und kann besser auseinandergerakt werden. Und da habe ich den Schlüssel bei mir. – Hoppla, da kommt eine Stufe. Sehen Sie mal die steinerne Treppe! Ein Geländer – das hält Ihnen bis zum jüngsten Tage. Und die Wände – da bricht Ihnen keiner aus."
Nun hatten wir den ersten Stock erreicht. Der blondmelierte Polizeidiener stieß die Läden auf, mit denen die zum Teil glaslosen Fenster geschirmt waren.
Der ernste hagere Eggestrang, der trotz seiner dichten Bewaldung seine schroffen Steinglieder erkennen ließ, die früher einen Telegraphen getragen hatten: einen Mast mit weithin erkennbarem Zeichen, das sich weiter gab von Berg zu Berg, stand wie ein Wall meiner Heimat nach Westen hin vor mir. Rechts wandte sich die Egge nach Norden um, reckte sich womöglich noch höher und warf allen Wald von sich, warf von sich den Namen wie ein Auswanderer in die neue Welt – es war ein starkes, warmes, klares Flimmern in den Steinbrüchen von Felmerstod, die schon zum Teutoburgerwalde gehörten.
Mit stolzem frohen Blick umfaßte ich das alles; so zusammengehörig, wie man nur die Heimaterde umfaßt.
Ob es von ihr kommt, ob es von mir kommt: da ist Sagenzug im Antlitz einer Velleda.
Darüber die leuchtend blaue Stirn des Himmels, voll von fröhlichen Blitzen männlicher Stärke, und diese Stirn ist eine Stimme, eine tiefe reine Glocke – Wort, deutsches Wort.
Ja – der Polizeidiener guckte mich merkwürdig an und ich ihn – wieder zurückwachend; die kleine scharfe, ziegelfarbene Abendröte seiner gesetzlichen Unrat witternden Nase und die verfärbten Spitzen des Schnurrbartes, denen man ansah, daß sie mit Vergnügen im Feuchten weilten – alles war eine helle Ansprache an mich, so daß ich innerlich lachte über den pflichtgetreuen Beamten, der sich so auf Nebenwegen näherte, über diesen würdigen Vertreter der Mitleidstände, die zu tief in das menschliche Elend schauen müssen und, um nicht zu erliegen, zur Flasche greifen – als da sind Leichenbitter, Polizei- und Gerichtsdiener.
So entschied ich mich tapfer für ein Zweimarkstück gegenüber einer Mark, die ich tiefer zurückwarf ins Portemonnaie. Mehrere Fledermäuse waren unruhig geworden über mein unheimliches Verweilen.

Es war, als ob sie mein Vorhaben und den Umsturz, der darin für sie lag, darin witterten, und ich kam mir ordentlich vor wie Otto der Faule in der Siegesallee zu Berlin, da mich meine Wappentiere so lebhaft, so gespensterhaft umkreisten, als seien sie der Geist der Vergangenheit und Spinneweb umhangener Sage.

„Ein schöner Saal! Hier mußte sich gut Herr sein lassen." [...]
Ein Kranz von Blech: „Zum Stadtbach".
Eine Reihe von langen, meistens Briloner Pfeifen an Pflöcken. Eine große Schnupftabaksdose auf dem runden Tisch.
Inschrift: Schnupf, wer will.
Die Lippsche Landeszeitung.
Die hol' ich mir hinüber an meinen Katzentisch für Fremde, und mache eine leichte Verbeugung an die beiden, die daran schon länger sitzen müssen. Der eine etwas finster Bestimmtes in den Zügen, etwas feindlich über alles Hinwegstechendes, der andere zerschwollen zu dumpfer Empörung und Übertäubung.
Eine Reihe von Flaschen mit der eingegossenen Inschrift: „Brauereigesellschaft Falkenkrug", deren trübgelbliche Bräune jedenfalls den Seelenzustand der ihnen Zusprechenden wiedergeben soll, steht vor ihnen; eine Flasche Hermannsborner Sprudel, auf ihrem Schilde Hermann mit hochgezündetem Schwert, nimmt's mit ihnen allen auf in seiner besonnenen Rache.
Die trüben Brünste betrunkenen Blutes müssen erbleichen vor ihm in Reue und Umkehr: schon hat er die Hand ans Werk getan.
Der eine der beiden, der am meisten verwüstete, rotblond Bart und Haar, blau die hamsterartigen Wangen, die Nase illuminiertes Kupferbergwerk, hat sich erhoben und reicht mir die Zeitung zu, nach der meine Frage: „Sie erlauben?" zu fassen gedachte.
„Baron von Hassenburg, Leutnant a. D.", schlägt er die Hacken zusammen, so daß man die nichtvorhandenen Sporen glaubte klingen zu hören.
So zusammengenommen der ganze Mensch: Stimme und Haltung.
Wie noch einmal angeblasene Kohlen die bläuliche Aschenschicht heben wollen, irrend bestimmt ein Funken darüber, so seine Augen.
Auch ich nannte meinen Namen und Stand, verbeugte mich noch einmal ausgeprägter und kehrte an meinen Tisch zurück.
Kaum hatte ich begonnen, mich in die Wünsche, Hoffnungen, Beschwerden der Lippischen Lande, die zusammen eigentlich nur ein großes gesundes Gut bilden mit apfelroten Wangen, etwas zu vertiefen, da unterbrach meine einsiedlerische Andacht schon wieder die Stimme des zuvorkommenden Herrn: „Sie sind Schriftsteller, so sag-

ten Sie doch? Da müßten sie eigentlich mit uns hinausfahren nach Willebasen auf den Pferdemarkt."
„Willebasen?" staunte ich, „den Ort kenne ich ja gar nicht. Und doch stamme ich hier aus der Gegend." [...]
Bald erreichten wir das Städtchen, in dessen Nähe die geisterhafte Ortschaft, der Name ohne Häuser lag. Hier im Gasthof stellten wir die Pferde ein, frühstückten und gingen dann hinaus gen Willebasen.
Eine richtige Jahrmarktswiese. Wurstbuden, Bierzelte, Musikanten. Auch die Harfe fehlte nicht; eine ältere Frau, deren Zügen und Kleidung die gleiche Verschlissenheit zuteil geworden war wie den Saiten ihres Harfenungeheuers und ihrer Seele, spielte sie. Ein dünnes halbwüchsiges Ding mit einer Stimme, scharf wie eine Schusterpfrieme, sang dazu:
„Lieber Vogel, komm doch wieder,
doch der Vogel kam nicht mehr."
Pferde wurden vor Bauern und Händlern vorbeigezogen, die sachverständig auf die kurze Pfeife bissen und mächtig pafften. Einen Hals unterschied man an ihnen kaum, da sie mit ländlicher Vorsicht dieses empfindliche Organ durch große, wollene, braune Schals schirmten. Bisweilen kam ein Kauf zustande. Das heißt, wenn nach langem Hin- und Herzerren des Preises dieser endlich stehen blieb wie der lange schwankende Zeiger eines Gewichtsautomaten. Dann spuckten beide Parteien in die Hände, und der Käufer schlug mit kraftfreudiger Wucht mit seiner Rechten in die des Kaufgenossen. Nun gingen beide ins Bierzelt, um nach Gebühr den Kauf zu begießen.
Auch Zigeuner waren da. Der eine, ein recht zornwütiger Geselle, bedrohte seine zerzauste Gesponsin mit einem mächtigen Scheit: er wolle sie „bimsen", daß ihr Hören und Sehen verginge.
Eifersucht schien dabei im Spiele zu sein, denn kurz darauf griff er mit demselben Scheit einen jungen Burschen an, während das Weib mit kräftigen Gebärden und lauten Worten die beiden auseinanderzubringen suchte. Dieser Vermittlungsversuch aber brachte den Herrn Gemahl nur um so mehr auf, und er schlug dem andern mit dem Scheit über den schwarzen Kopf, daß das Blut einen sprühenden Streifen zog und dann die Wange entlang niederfloß.
Hiermit war der Streit zu Ende. Die Aufregung des Angreifers hatte sich gelegt, die Frau durfte unangefochten die Wunde mit Wasser kühlen. Dann begaben sich beide ebenfalls ins Bierzelt, um hier ihren Frieden zu begießen. Das Weib, der Zankapfel, folgte.
Die Kinder allein blieben am Feuer zurück, das von wenigen dürftigen Knobben genährt wurde. Darüber stand auf einem Dreifuß ein sehr

rußiger Kessel, worin etwas brodelte. Die Kinder bliesen mit aller Macht in das Feuer hinein, das dem halbfaulen Holze recht wenig Geschmack abzugewinnen schien. Ungeheuer wichtig sah sich diese nichtige Angelegenheit an: so ruchlos lohten die pechschwarzen Augen, so laut und heftig waren Wort und Gebärde. Weder die Leute noch die Polizei, die in Gestalt eines grünrockigen Gendarmen die grüne Wiese zierte, hatten sich um den Streit der Zigeuner bekümmert. Die mochten sich totschlagen, wenn sie anders Lust dazu hatten. Das waren ja keine Menschen, das waren Tatern.

Lemgo

Ricarda Huch

Das Lippesche Land, zwischen Paderborn, Münster und Köln sich erstreckend, von den Cheruskern bewohnt, ist mit den stolzesten Erinnerungen unserer Geschichte verbunden; denn, mag auch die Forschung andere Schauplätze für die Hermannsschlacht ausfindig machen, der Volksglaube wird sich schwerlich vom Teutoburger Walde vertreiben lassen. Die Landschaft, schlicht, träumerisch bewegt, Wiesen, von Baumgruppen durchsetzt, von lispelnden Bächen durcheilt, mit ihrer Weite zu unendlichem Schweifen einladend, empfinden wir als besonders deutsch. Da gibt es Bauernhäuser, wie sie vor Jahrhunderten gewesen sein mögen, mit breit ausladendem Dach und hohem und breitem Tor, das ein heller Rand umgibt mit einem Bibelspruch und den Namen der Erbauer, des Mannes und der Frau. Sie zeugen von fleißigen, ernsten, bedächtigen Bewohnern, denen ihr Haus ihre Burg und ihre Scholle ihr Vaterland ist. Abhängigkeit hassend, trotzig und furchtlos, hatten diese Bauern wohl das Zeug, ihre Heimat von volksfremden Feinden wie auch von einheimischen Tyrannen zu befreien. Zwei große, in Detmold geborene Dichter, Grabbe und Freiligrath, haben den Zug ins Große, zur Freiheit, zum Kampf und eine unbändige Phantasie gemeinsam.

Bauern dieser Flur sammelten sich in der Stadt, die den Namen eines Gaus, nämlich des alten Lehmgaus, behalten hat: es ist der fremdklingende Name Lemgo. Überall im alten Reich, namentlich in kleineren

Orten, betrieben die Stadtbürger mehr oder weniger Ackerbau und behielten bäuerliche Art, mehr vielleicht als die eigentlichen Bauern, die in Abhängigkeit gerieten und etwas Gedrücktes bekamen; in Lemgo war das ganz besonders der Fall. Noch immer wirkt das Land mit sanfter Schwingung in die Stadt fort und bläst seine langgezogenen Hirtenflötentöne durch die betriebsamen Gassen. Die Häuser blieben im Grunde Bauernhäuser, wie auch ihre Giebel umgestaltet und die Balken ihres Fachwerks ausgeschmückt wurden, ihre Bewohner blieben störrisch, selbstbewußt, abseits, in aller Stille an der Ausgestaltung ihres Gemeinwesens tätig. Tuch- und Leinenbereitung machte sie wohlhabend, sie wurden Mitglieder der Hanse, und wenn ihnen daran gelegen gewesen wäre, hätten sie sich zur Reichsstadt aufschwingen können, denn sie wurden zu den Reichstagen eingeladen; aber sie scheuten sich offenbar vor neuen, unbekannten Verpflichtungen und dachten mit ihren Lippeschen Grafen gut fertig zu werden. Obwohl eine kleine Stadt, ist Lemgo aus zwei Städten erwachsen; Simon V. gründete 1283 die Neustadt, die lange durch Graben und Mauer von der Altstadt getrennt war.

Man geht durch die Stadt, wie wenn man ein großes Bilderwerk durchblättert, ein Tausendundein-Haus-Bilderbuch voll Märchen, Fabeln, Schwänke und Balladen, die bald traurig, bald lustig und auch schaurig sind. Die Hauptpersonen sind die beiden Kirchen, von denen die Nikolaikirche die ältere ist; ihre mit Blei gedeckten, grauschimmernden Türme sind das Wahrzeichen Lemgos. Sie sind auf das willkürlichste ungleich: der eine trägt eine spitz zulaufende Pyramide, der andere eine barock geschweifte, überaus zierliche Haube. Dieser, Spielturm geheißen, gehörte dem Rat, der andere der Gemeinde. Ihr bleiches Grau kann zusammen mit dem Korallenrot der Dächer unheimlich wirken. Um die Nikolaikirche herum gruppieren sich dicht aneinander gedrängt kleine malerische, halb von Laub verdeckte Häuser, als wenn sie Zuflucht suchten, weiterhin umgibt sie das Rathaus wie ein stolzer Schild. Verschiedene Jahrhunderte haben daran gebaut, immer herrenmäßig und aus vollem Säckel. Mit dem Platz wurde in Lemgo nicht gegeizt; es wurde nicht einmal alles Land bebaut, das in die Mauern einbezogen war.

Eine seltsame Erscheinung ist die der Maria geweihte Pfarrkirche der Neustadt. Infolge schlechten Baugrundes senkte sie sich dermaßen, daß der Boden beträchtlich erhöht werden mußte; infolgedessen stekken die Portale und die Säulen im Innern tief in der Erde. Die starken Strebepfeiler, die notwendig wurden, geben dem Bau etwas Ungefüges, Zyklopisches neben der Eleganz seiner gotischen Fenster mit den reichverschlungenen Rosen. Glanzvoll muß einst das Innere der Kirche gewesen sein mit zwanzig Altären, von denen einer, ein schönes Werk westfälischer Kunst, übriggeblieben ist. Er stellt die Kreuznagelung dar; das am Boden liegende Kreuz durchschneidet das Bild von einer Ecke zur andern, auf seinen beiden Seiten sind zwei Gruppen verteilt, die der anordnenden Männer zu Pferde und die der klagenden Frauen, die dicht zusammengedrängt, schreckerstarrt in ohnmächtiger Lieblichkeit auf das furchtbare Schauspiel blicken.

Zwischen den vornehmsten Punkten, von einem Tor zum andern, ziehen sich die langen Bänder der Straßen mit wohlerhaltenen Giebelhäusern, gotischen Fachwerkhäusern und Steinbauten im Stil der Renaissance und des Barock. Das langgestreckte Haus der Donop in der Echternstraße, das den Giebel ausnahmsweise nicht nach der Straßenseite hat, ist mit den Wappen der Donop und der Amelunx verziert. Einem aus der Familie Donop, Moritz, der mit den Holländern gegen die Spanier focht und an einer auf der Mookerheide empfangenen Wunde starb, ist in der Nikolaikirche ein schweres und schwerverständliches Epitaph gesetzt, das in symbolischen Bildern die Lehre von Gesetz und Gnade behandelt nach einem Entwurf von Lukas Cranach, den Luther angeregt hat. Ein vom Bürgermeister Klette und seiner Frau Anna von der Wipper erbautes Haus ist im zweiten Geschoß zwischen den Fenstern mit den holzgeschnittenen Bildern der sieben Planeten ausgestattet, die wunderlich halb antik, halb mittelalterlich kostümiert sind. Das Wippermannsche Steinhaus in der Kramerstraße zeichnet sich besonders aus; die Staffeln des Giebels und der Auslucht sind mit geschweiften Bogen, Maßwerk und Fialen ausgefüllt, die die strenge Bauform anmutig wie ein Diadem krönen. Der Kamin, der wie üblich im Hausflur steht, trägt die Namen Christian von der Wipper und Elisabeth Domes und die Jahreszahl 1622. Der Großvater Christian hatte das Haus erbaut. Am Hause des Bürgermeisters Koch fällt ein altgotisches Relief auf. Ein Löwe überfällt eine am Boden liegende nackte Frau, die ihr kleines Kind zu decken sucht, während zwei Männer augenscheinlich vergebens den Löwen bearbeiten. Aus dichtem Grün steigt der schmucklose, gewaltige Giebel des Kerssenbrockschen Hofes auf. Besonders harmonisch wirkt das mit Pflanzenmustern bestickte Fachwerkhaus Alt-Lemgo; hier haben Handwerker wie Künstler gearbeitet. Dergleichen Häuser muß man hier nicht zwischen modernen Durchschnittshäusern herausstechen, sondern sie stehen aneinandergereiht da, eine umfassende, Hoch und Gering verbindende Kultur darstellend. Das geschmückteste von allen Häusern ist wohl das sogenannte Hexenbürgermeisterhaus mit Muschelfül-

lung in den Staffeln des Giebels, korinthischen Halbsäulen zwischen den Fenstern und zwei angenehm ungleichen Ausluchten. Über dem Rundbogen des Portals stehen auf einem Sims Adam und Eva zu beiden Seiten des Baumes mit der Schlange, hoch oben im Giebelfelde als Spitze der Pyramide erscheint Christus mit Weltkugel und Kreuz, so daß die Geschichte der Menschheit, vom Sündenfall zur Erlösung aufsteigend, in Bildern angedeutet ist. Erbauer des Hauses war Hermann Cruwel, Patrizier und Bürgermeister, verheiratet mit Elisabeth Fürstenau von Herford. Hundert Jahre später besaß es der Bürgermeister Hermann Kothmann, der im Jahre 1667 fünfundzwanzig Hexen verbrennen ließ. Sein Vorgänger, Doktor Kerckmann, hatte ihn an Eifer noch übertroffen. Auch Männer wurden Opfer der Wut, so der kaiserliche Oberstleutnant Joh. Abschlag, der vorher noch mit der Wasserprobe geplagt wurde, und der Pastor an der Nikolaikirche, Johann Koch. Ein anderer Pastor, Johann Kämpfer, rettete sich durch die Flucht; sein Sohn Engelbert bereiste in schwedischen und holländischen Diensten Rußland, Persien, Indien, Java, Japan und Siam und hat eine Geschichte und Beschreibung von Japan verfaßt. Im Jahre 1681 wurde unter dem Bürgermeister Kothmann die letzte Hexe, eine Witwe Blattgerste, verbrannt. Von den Familien Kerckmann und Kothmann sind Grabsteine in der Marienkirche. Das Häuslein des von ihnen so stark beschäftigten Scharfrichters steht in der Neuen Straße und trägt die Inschrift: David Claus und Angenesa Brökers Anno 1665. Mein Gast aus und ein — las dir Gott befohlen sein.
Die Landesherren durften zufolge von Privilegien Lemgos ein befestigtes Haus in der Stadt nicht haben, besaßen aber seit alters einen Hof, den sie zuweilen bewohnten, zuweilen an Lemgoer verpachteten. Er wurde in der Mitte des 18. Jahrhunderts neu erbaut und ist ein vornehmes, klassizistisches Gebäude, jetzt Gymnasium. Um aber doch in der Nähe ihrer reichen Stadt eine Feste zu haben, erwarben die Herren von Lippe den Edelhof Brake vor dem Ostertore, eine von der Bega umflossene Wasserburg. An Stelle des alten Hauses errichtete Simon VI., ein angesehener Mann im Reich, Kreisoberst von Westfalen, um 1585 durch den Lemgoer Meister Hermann Wolf ein prächtiges Schloß. Es wurde bald im Kampf erprobt, als der kalvinische Simon seine Konfession den Lemgoern aufzwingen wollte. Da häufige Erörterungen und eine bittere Beschwerdeschrift des Grafen an den Kaiser nichts bewirkten, schritt er zur Belagerung, worauf der Rat sich bequemte. Die Bürgerschaft indessen setzte den allzu nachgiebigen ab und einen neuen ein, der die reformierten Prediger vertrieb. Noch einmal und noch einmal belagerte Simon die Stadt, wurde aber mitten im

Kampfe durch das göttliche Schiedsgericht des Todes im Jahre 1613 abgerufen, worauf sein Sohn Simon VII. sich zu einer gütlichen Lösung bereit erklärte. Da jedoch, wie er sich ausdrückte, die Insolenz der Lemgoer sich in die Länge zog, entschloß auch er sich zur Belagerung, aber wiederum ohne Erfolg: Die Stadt setzte durch, daß ihr freie Ausübung ihrer Religion und das Recht, die Prediger zu berufen, zugebilligt wurde.

Dieselbe Hartnäckigkeit hatten die Bürger auch bei der Einführung der Reformation bewiesen. Der damalige Landesherr, Simon V., war katholisch geblieben und bemühte sich im Verein mit dem Bischof von Paderborn, Lemgo beim alten Glauben zu erhalten. Allein der vom letzteren hingesandte Kaplan Hasewinkel wurde von der in Lemgo herrschenden lutherischen Stimmung erfaßt und stimmte in der Marienkirche plötzlich in die deutschen Gesänge ein. Wie anderwärts waren auch hier die deutschen Lieder das Zeichen, woran die Abtrünnigen sich erkannten. Eines Tages schickte der altgläubige Bürgermeister Konrad Flörke einen Ratsdiener in die Kirche, der sich die rebellischen Sänger deutscher Lieder merken sollte. Er kehrte mit der Nachricht zurück, sie sängen sie alle. „Ei, alles verloren", rief der Bürgermeister und verließ die Stadt.

Jetzt sind in Schloß Brake eine Reihe wohnungsloser Familien untergebracht. Souverän herrschen über den Bedürfnissen der Gegenwart die zerbröckelnde alte Schönheit und die unerschöpfliche Natur. Im Hof breiten sich dicke Kastanien und Linden aus, dunkle Wasser fließen unter einer verwitterten Brücke hin. Gegenüber stürzen sie schäumend über das schwerfällige Räderwerk einer alten Mühle. An den Wiesenwegen zwischen Schloß und Stadt rauschen hohe Schwarzpappeln triumphierend und schwermütig.

Vom Schloß geht es hinunter in das alte Dorf Brake mit seiner Kirche, die ein grasüberwachsener Friedhof umgibt. Einsam, würdevoll und friedvoll ist es hier. Im Innern der Kirche befindet sich das Denkmal eines Grafen August von der Lippe, eine barocke Gestalt in Allongeperücke; er war Feldmarschall und kämpfte rühmlich im Dienste des Landgrafen von Hessen, des Kaisers, der Könige von Frankreich und England, des Kurfürsten von Köln, der Herzoge von Koburg und Braunschweig.

Im Westen steht vor der Stadt der Turm der Johanneskirche. Er ist als einziger Zeuge der ältesten Kirche Lemgos übriggeblieben, die vermutlich deshalb außerhalb der Stadt lag, weil sie nicht nur ihr, sondern dem ganzen Gau gehörte. Sie war wegen ihrer Schönheit berühmt und den Grafen besonders wert, weil sie ihnen zuständig war, und sie besetzten sie während der Reformation mit katholischen Geistlichen. Im Dreißigjährigen Kriege zerstörte der kaiserliche Kommandant, der Lemgo okkupierte, das Schiff der Kirche, damit sich die Schweden nicht darin festsetzten. Im untersten Geschoß des Turmes ist ein Denkmal für die im Weltkriege Gefallenen eingebaut. Um die immer frisch bekränzten Namen der Toten von heute her liegen die Toten der vergangenen Jahrhunderte; denn der Friedhof wurde bis zur Niederlegung der Kirche benutzt. Nur die schweren, pompösen Grabsteine des siebzehnten Jahrhunderts sind noch vorhanden, verwittert und schief, halb in die Erde versunken, unter Gras und Zypressen verborgen. Durch die jüngst Verstorbenen, die den Vergessenen gesellt sind, ist der vereinsamte Platz wieder belebt und geheiligt. Die, welche Blumen auf das Denkmal ihrer Gefallenen tragen, bleiben sinnend stehen, wenn der Abendwind über das Gras flüstert oder wenn der alte Garten mit toten Augen in die Mittagssonne starrt, und erschauern einen Augenblick unter dem Anhauch der Vergänglichkeit.

In Lemgo

Albrecht Schaeffer

Lemgo war eine alte Hansestadt, zwischen Herford und Detmold in der Grafschaft Lippe gelegen, ehemals reich und stattlich, in Jannas Tagen fast eine Ruine. Aber das war für Janna einer der Gründe, um es für sich zu wählen. Sie hatte auf ihrer Reise die Verwüstung des Landes gesehen; sie war selber durch eine Verwüstung gegangen; sie sah sie wieder in Lemgo und konnte sich nur darin am rechten Ort sehen, um heilen zu können, heil machen, soviel in ihrer Macht stand. Ihre Macht war ihr Geld — ein Betrag, der — mit dem von ihrem Vater Ererbten — noch an die dreitausend englische Pfund in Gold war, im Wert von 20 Schillingen, doch im mehr als zehnfachen Wert von heute. Das Haus war in seinem Mauerwerk schon betagt, hatte aber der Feuersbrunst widerstanden und war nur im Innern ausgebrannt. Der Besitzer, der sein Vermögen gerettet hatte, hatte es neu ausgebaut, war aber danach gestorben. Es blickte mit seinem hohen, gotischen Treppengiebel, Erkern und Fialen über die Länge des Marktplatzes zum

Rathaus hin, einem schönen Bau der deutschen Renaissance, der von den Flammen verschont geblieben war. Janna richtete die unteren großen Räume für das zuerst Notwendige ein, die Speisung der Kranken und Krüppel, Witwen und Waisenkinder. Sie hatte einen Knecht und mehrere Mägde und eine Zofe oder Gesellschafterin für sich, ohne eigentlich Gebrauch dafür zu haben. Das Geschöpf war auch zu wenig mehr zu gebrauchen. Sie war die noch junge Frau eines Kürschnermeisters und hatte in einer einzigen Nacht erfahren, was für eine Menge Menschen ausgereicht hätte: ihren Mann im Kampf erschossen gesehn, seine Eltern und ihre Mutter erschlagen, ihre Kinder verbrannt und sich selbst von so vielen vergewaltigt, daß sie nicht zählen konnte. Schließlich hatte ihr Leib noch fünf Monate später gleichsam eine Nachgeburt von sich gegeben, eine Mißgeburt, die zum Glück tot war. Was von ihr selber danach übriggeblieben war, das war eine Art Rinde um einen Hohlraum — so wie es Obstbäume gibt, die nur noch aus Rinde bestehen, aber noch grünen und blühen; und das, wovon sie lebte, war nichts als die Bewegung des äußeren Lebens um sie her: sie plapperte unaufhörlich alles vor sich hin, was sie sah und hörte, das Vorbeigehen von Menschen und was sie von denen wußte, das Spielen, die Rufe der Kinder, Wagenfahren, Glockenläuten, auch was sie selber tat, Tischdecken, Kleidung-Säubern, was immer: alles das wiederholte sie mit Worten, sprach es in einem fort aus: Den Teller, ich nehme den Teller, ich setze den Teller hin, da steht er, er steht nicht richtig, hier liegt der Löffel ... und dazu alles Weibergeschwätz, das sie in Gassen und Höfen mit anhörte, in einem unaufhaltsamen halblauten Gemurmel, oder auch, wenn Janna sie zur Stille ermahnte, nur die Lippen bewegend. In ihr ging es beständig weiter; sie war wie ein Mühlenrad unter ständig fließendem Wasser. Ihr noch junges kleines und blondes Gesicht mit einem Haarschopf war dabei sonderbar schief, als ob es verbogen wäre, und sie hielt es nach oben gedreht mit ganz leeren Augen. Janna hatte sie zu sich genommen, weil niemand da war, sich um sie zu kümmern; sie hatte seit Jahren von geschenkten Brotrinden und Abfällen gelebt; aber auch in Erinnerung an die irre Frau, die sie im Stich gelassen hatte, und von der sie das Irresein schon gewohnt war.

Den äußeren Anlaß, nach Lemgo zu ziehen, hatten die Deuterleins gegeben, die ihren Wohnsitz dorthin verlegten. Auch für sie war der besonders lange und harte Winter sehr bitter gewesen. Gehalt bezog der Pfarrer kein nennenswertes in Münze; was die kleine Gemeinde an Naturalien aufbringen konnte, reichte für die zahlreiche Familie kaum aus, und sie waren nur durch Jannas Unterstützung über den Winter hinweggekommen. Denn auch was die Praxis eintrug, war äußerst wenig; die meisten Patienten hatten selber nichts und kosteten die Arzneimittel noch dazu; diese waren jedoch fast ausschließlich pflanzlicher Natur und wurden von Pea und den Kindern gesammelt, auch vom Pfarrer auf seinen Gängen, oder im Garten gezogen. Die wenigen wohlhabenderen Patienten zahlten auch lieber statt in Münze mit einem silbernen oder goldenen Gegenstand, dessen Wert sie gern überschätzten; und je wertvoller er war, um so weniger brachte – im Verhältnis dazu – sein Verkauf ein, zumal der Pfarrer über Geschäftstüchtigkeit nicht verfügte und von dem einzigen Lemgoer Juden nahm, was der zu geben für gut hielt. Der hatte selber nichts, außer mehr Kinder als Finger.

Aber im Winter waren von Januar bis März die Wege kaum passierbar, auch die Praxis schrumpfte ein, die Menschen blieben gesund, oder starben allein. Doch der Holzvorrat reichte bei der Länge des Winters nicht aus, die Kinder saßen voller Frostbeulen, zwei bis drei von ihnen waren beständig krank. Als Janna im Frühjahr erschien, war der Pfarrer eben aus dem Bett aufgestanden und blieb noch lange verkrümmt vom Rheumatismus. So ging es nicht weiter – und es war doch in früheren Jahren schon noch schlimmer gewesen.

Da starb der Seelsorger von Sankt Marien in der Lemgoer Neustadt. Das Gehalt, das die Stadt bot, war gering, aber es bot eine Sicherung; und war auch die Stadt Lemgo kein freundlicher Aufenthalt, so bot sie Weinbergsarbeit des Herrn in Fülle. Die Stadt hatte furchtbar gelitten; einst war sie reich, mit vielen steinernen Häusern und mit köstlicher Schnitzerei und Bemalung an denen aus Fachwerk. Nach dem großen Kriege lebte von ihren Einwohnern nicht mehr als ein Fünftel; die Belagerungen, Hunger, die Pest, Ruhr, Pocken, Typhus – hatten sie dahingerafft. Die Lebengebliebenen lebten verbissen und trotzig, innerst verzweifelt, daß es je besser würde – obgleich eben damals nach der Erschlaffung die ersten Lebenskeime wieder zu Kräften kamen – geschwächt von Krankheit oder von Seelenleid. Selbst die Kinder wuchsen unfroh heran, von vergrämten, hart oder gleichgültig gewordenen Erwachsenen kaum beaufsichtigt, geschweige erzogen. Sie zankten und schlugen sich nach dem Beispiel der Eltern, gründeten Räuberbanden und stahlen alles, was lose war. Die Dörfer der Umgegend waren ausgebrannt, leer. Nirgends gab es Kredit. Wer beim Handwerker ein Stück bestellen wollte, mußte das Material selbst bringen oder vorher bezahlen. Das Ganze sah aus wie ein Schöpfrad im Schlamm, das nur das Untere immer wieder nach oben kehrte, ohne daß der Jammer weniger wurde.

Janna wurde nun in Lemgo die reichste Person, aber wenn sie sich nach den ersten Wochen nicht selber Einhalt geboten hätte, so wäre sie nach einem Jahr schon so arm wie alle gewesen. Ein neues Spital einrichten, täglich unzählige Armut speisen, Bräute ausstatten, Pate stehen, verschenken oder ausleihen, oft auf Niewiedersehen, zu dem niedrigsten oder gar keinem Zins, an Handwerker und Krämer, an die Stadt, sogar an den Grafen von Lippe, der den niedrigsten Zins anbot, von dem aber Janna lernte, von nun an besser hauszuhalten, indem sie zunächst ihn aufs höchste hinaufschraubte. Sie sollte ihn später noch kennenlernen — einen der immerhin seltenen Menschen ohne Herz noch Gewissen. Wenn er die Krippenreiter aufhängen ließ, so tat er das nur wegen des Unfugs, der Schaden war ihm ganz gleichgültig, und ihre Besitzungen konnte er einziehen. Aber trotz aller Vernunft und Beherrschung hatte Janna am Jahresende nicht mehr viel bares Geld in der Truhe und statt dessen eine Menge Hypotheken und Pfandbriefe, die aber gesichert waren und gut zinsten. Indes war die Genugtuung, die sie eingeheimst hatte, nicht gering. Dieses Lemgo, eine bittere, kranke, verfinsterte und verödete Stadt, gesundete, lichtete, versüßte sich unter ihren Händen, die in den Augen der Menschen von Gold flossen. Segensreiche Wirkung um sich her zu verbreiten — welchen Menschen freute das nicht und glättete ihm die Falten des Daseins? Wo sie kam, glänzten die Gesichter, Frauen und Kinder liefen, um ihre Hände und Füße zu küssen. Es kamen aber auch die Söhne der Adligen herbei, die in der Umgegend wohnten und sie in die Stadt schickten, um Rosse zu tauschen oder andrer Geschäfte halber, und ihretwegen war die Elisabeth gut; sie konnte sich ohne Begleitung nicht auf dem Markt sehen lassen. Denn diese, in riesigen Sporenstiefeln einhertretenden, in Birnengrün, Eiergelb, Zinnober oder Lavendelblau prangenden Fasanhähne — mit schiefen Riesenhüten, Riesenhiebern und Riesenpeitschen, mit Hängestrümpfen und mit Puffen, Rosetten, Schleifen und Spitzen — flößten ihr nur geringes Vergnügen ein. Sie schlug deshalb auch die wiederholten Einladungen der Gräfin Lippe zu Jagden und Festen aus, obwohl diese ein zartes und feines, noch junges Geschöpf war, das von ihrem Mann malträtiert wurde, von zu vielen Geburten kränkelte und zu Janna eine kindlich fanatische Zuneigung gefaßt hatte; sie auch öfters besuchte, um sich auszuklagen. Janna lebte daher gern, obwohl sie unter der Einsamkeit litt, so daß sie vor jedem Betreten ihres leeren Zimmers Atem schöpfen mußte, als ob die Luft darin schwer wäre.

Detmold

Reinhold Schneider

Die Gesamtheit des Volkes wird der nur erfassen, der das Volk in keiner Ebene begrenzt, ihm vielmehr die Höhen ebenso zuerkennt wie die Täler gemeinsamen Lebens und in den Entferntesten und Erhobenen noch das Volk und seine Wünsche findet. Die Fürsten waren keine fremden Bedrücker, wieviel auch über sie gescholten worden ist: sie waren Teil des Volkes, das sich spaltet und gliedert, Höhen und Täler füllt, das gehorchen und folgen will, wenn ihm befohlen wird in seiner Sprache, auf seinem Grund, vom angestammten Herrn. Und so sagen die Schlösser Deutschlands nicht weniger vom deutschen Volke aus als die Bauernhöfe und Dörfer.

Das Fürstentum war so mächtig, daß es in Detmold fast ein Viertel des alten Stadtkreises füllte mit Schloß, Graben und Wall; und wenn auch der Schmale Markt die Mitte noch behauptet mit seinen Bäumen, dem vermoosten Brunnen, so blieb doch nichts, das die Volksmalstätte der Germanen noch erwecken könnte, die sich diesen Platz erwählt, und es klingt wie eine unbegreifliche Sage, daß einst Papst Leo III. in Detmold auf den Wunsch Karls des Großen einen Altar weihte. Es gab viele Geister zu bannen an dieser Stelle, wo der Frankenfürst mit den Sachsen kämpfte und schwerlich einen so glänzenden Sieg erfocht, wie die Überlieferung uns glauben machen will: denn Karl zog nach der Schlacht nach Paderborn zurück, um Verstärkung zum neuen Schlage zu holen. So machte das neue Heiligtum, das an der Stelle eines alten errichtet wurde, auch hier den Anfang gesicherter Tradition; Götter kämpften zuerst über den Wohnstätten der Menschen; und als die Götter der Wälder und Felsen dem Kreuz unterlagen, erwuchs hier ein Kirchdorf, die Mitte der kleinen Stadt. Aber wie die Geister der Erschlagenen, die für ihren Glauben und ihr Volkstum fielen, endlich, wie ihre besiegten Götter selbst, gebannt worden sind: so scheint alles aus der älteren Zeit geschwunden zu sein, und noch einmal fand die alte Stätte ihre Bedeutung und ihren Inhalt, als Simon, Graf zur Lippe, sein Schloß erbaute zur Seite des Markts.

Der Efeu umwächst die Fenster, er reicht fast bis zu den Giebeln, auf deren Schwingung steinerne Kugeln ruhn; der Turmhelm, der nicht gebaut zu sein scheint, sondern gegossen wie eine Glocke, überragt die dichtgedrängten Wipfel. In Gewitternächten, wenn die Häuser sich ducken, steht der Turm in alter Herrlichkeit da: er allein stellt sich dem Blitz, die Bäume, die Häuser, die alte Stadt zu bewahren: noch

immer breitet sich der vererbte Herrscherkreis um ihn, den er verteidigen soll. Dann leuchtet das Wasser des breiten Grabens, auf dem die Enten aufgeschreckt werden, und das Mauerwerk bröckelnder Eckbastionen scheint unter den Zweigen auf; tags liegt das Schloß wieder abseits, im Frieden seiner Vergangenheit. Noch stehen die Kanonen im Hof, und an der Galerie prangen, in edelster Arbeit, die Wappen der Herrschaften; die niedern Türen der Treppentürme sind geöffnet, und das Holz ist geschichtet an der Wand: eigensinnig beharrend, wartet das graue Schloß auf einen lang entschwundenen Tag.
Kein Zufall und nicht die Gunst der Zeit allein hat dieses Geviert geschlossen, mit Türmen bewehrt, durch Wälle gesichert: ein großer Wille allein konnte diese Form verteidigen gegen die immer feindlicher anstürmende Zeit. Eine Frau behauptete hier ihr Recht in der Verwirrung des Dreißigjährigen Krieges: Katharina von Waldeck ließ sich nicht vertreiben, als nach dem Tod ihres Gatten dessen Bruder das Schloß besetzte, um ihr die Herrschaft zu entreißen. Sie hungerte mit ihren Kindern, indes die Säle hallten vom Lärm der Zecher; sie ließ ihre Kinder entführen, damit sie nicht in die Gewalt des Räubers fielen; doch sie wich nicht aus ihrem Schloß. So kommt endlich der Tag, da der kaiserliche Feldmarschall sie von den Eindringlingen befreit und Katharina von dem runden Turme den Fliehenden lachend nachwinkt. Aber in der Enge liegt die Versuchung der Größe: wie die meisten deutschen Fürsten haben auch die Lippeschen Grafen sie im 18. Jahrhundert gespürt. Nun gleiten die Boote des Herrn auf dem Kanal durch die Stadt; Pagen in blitzenden Kleidern halten die Fackeln; draußen warten Lauben und Grotten: ein Zaubergarten, der rasch erblüht und zerfällt. Die alte Kraft ist versiegt; dem Verschwender folgt ein sparsamer Wirt; und als in der napoleonischen Erschütterung die Throne fallen in Deutschland: da rettet wieder eine Frau die Herrschaft, deren Ende schon beschlossen schien: die Fürstin erzwingt sich die Achtung des Eroberers. Aber auch sie erhält nicht nur ein Recht und einen Anspruch: denn welches Recht ließe sich bewahren, das nicht aufs neue, durch das Werk einer jeden Generation, bestätigt würde? Pauline schafft die Bettler und Müßiggänger von den Straßen; ihre Gründungen wirken bis in unsere Tage fort.
Alle, die hier herrschten, ließen ihre Spuren in den Räumen, vor deren Fenstern die Linden grünen, das Wasser schimmert; und auch von den andern, die keine Krone trugen, blieb der letzte, seltsam ergreifende Hauch des Lebens: von dem Prinzen Friedrich, den der Blitz erschlug; von der jungen Gräfin, deren Lachen früh verstummte, in ihrem vierundzwanzigsten Jahr. Die Bilder bleiben, das Einmalige zu verkün-

den: ein Schicksal, einen Menschen, die niemals wiederkehren; die in den alten Räumen einmal Heimat fanden und sie wieder verließen, um anderen den Schauplatz ihres Schicksals frei zu machen, das nicht minder rätselhaft ist.

Dieselbe Stadt aber, die berufen ist, die deutsche Spaltung, ihr Unheil und ihren unvergänglichen Wert zu symbolisieren, ist überragt von der schönsten Mahnung zur Einigkeit, die deutsche Plastik geschaffen hat: dem Hermannsdenkmal, das schon deshalb einsam unter den Denkmälern des vorigen Jahrhunderts, den schlimmen Verirrungen auf dem Niederwald, dem Kyffhäuser und der Porta Westfalica steht, weil sein Schöpfer als einziger eine neue, durchaus eigene Form gefunden hat. Eine solche Form aber ist das Seltenste, das Menschen geschenkt wird. Hermanns erhobenes Schwert schickt seine Mahnung von der Waldhöhe in die weitesten Fernen, zu einen und die zugleich zu richten, die dieser Mahnung nicht gehorchen wollen: es erhielt das Gedächtnis des Siegers und Überwinders in den Zeiten, da das Volk abkehrte von sich selbst, der alten Feindschaft und dem alten Auftrag; und es weist auf seiner Höhe in der Geschlossenheit seiner Form, wie in die Fernen des Landes, so auch in die Fernen der Zeit, den Mythos vom Romüberwinder zu erhalten.

Die ergreifendsten Kunstwerke bleiben die, an denen ein Schicksal haftet: wo die Ahnung des Schöpfers und seiner Tat in uns aufgeht und menschliche Größe über der Größe des Bildwerks erdämmert: dort erst sind wir gebannt. Das Hermannsdenkmal war Schicksal und Leben seines Schöpfers Ernst v. Bandel, der mit 19 Jahren, in der trüben Zeit nach den Befreiungskriegen, zum erstenmal die Gestalt des Befreiers modellierte, als 36jähriger die Grotenburg erstieg und dem ihn führenden Knaben in plötzlicher Bewegtheit den Platz wies, wo das Denkmal erstehen sollte, und mit 75 Jahren oben neben dem vollendeten Werk stand, als das Kaiserreich zugleich mit seiner Schöpfung verwirklicht war: Reich und Schöpfung, deren größter Wert doch die Mahnung an die Enkel ist. Denn das Reich verging wieder: das Schwert Armins aber ragt heute wie damals über den Wald, dessen Täler von den Schreien im Sumpfe versinkender Römer hallten. Dem Schmied dieses Schwertes blieb kein Kampf erspart. Er mußte schon beim Bau des Fundamentes den Streik der Arbeiter brechen; bald versiegten die Spenden, und auch das Opfer seines eigenen Vermögens, der Verzicht auf jedes Entgelt vermochten den Fortgang des Werks nicht zu halten; das Begonnene zerfiel wieder, schon bearbeitetes Material wurde entwendet, und der Schöpfer, vor dessen innerem Auge das erhobene Schwert des Befreiers sich niemals senkte, tat niedere

Arbeit; erst als das Reich gegründet war, verstand Deutschland den Anruf: nun zog der Greis mit der Gefährtin seiner Kämpfe, seiner frühen Träume und seiner langen Not in einer Hütte neben dem Denkmal ein, neben dem Werk auf der Höhe zu wohnen und zu bangen, bis das Schwert eingesenkt war in die Hand Armins. Das Leben war erfüllt. Noch reiste Bandel nach Carrara, einige stehengebliebene Arbeiten aus den Brüchen zu holen; auf der Rückfahrt, kaum ein Jahr nachdem er vor dem deutschen Kaiser das Denkmal seinem Volke geschenkt hatte, erreichte ihn der Tod: er hatte sein Leben gegeben an eine einzige Form, eine Gestalt, eine Mahnung: dieses von einem unzerbrechlichen Willen getragene Leben ist Stein und Erz geworden, Form, die in strenger Vollendung unzerstörbar ist.

In der Ferne liegt die Stadt, vom Wald überdeckt; ihr einsamer Dichter, Christian Dietrich Grabbe, fand, als er mit schon verlöschender Kraft an seiner letzten Dichtung schrieb, das Wort: „Mein Herz ist grün vor Wald"; und dieses Wort eines Mannes, dessen Leben, wie es auch irren mochte, allein dem Unerhörten, noch nicht Verwirklichten gehörte, der deutschen Tragödie, es hallt wider in allen, die ihre Straßen durchwandern; denn wie es in der Mitte schon rauschte in den uralten Wipfeln der Schloßinsel, die der Turm überschaut, und dann draußen im Friedenstal, das still dem Berg des Befreiers entgegenzieht: so rauscht es weit in die Fernen. Die alte Hauptstadt dauert fort: ein fest umschlossenes Reich, das seine eigenen Sprecher hatte, seine eigenen Herren, sein Wahrzeichen und seine Mahnung, Größe und Schicksal; sie erwarb sich das Recht, Mitte zu sein: so wie ihre Herren sich das Recht des Gebietens erworben hatten; ein jeder Bauernhof im Umkreis auf den Hügeln bezeugt mit Rose und Stern, die unter Namen und Spruch zu beiden Seiten des Tores eingeschnitten sind, die Zugehörigkeit zur alten Herrschaft, die Rose und Stern im Wappen führt: Schloß, Stadt und Land und die Tradition des Lippeschen Hauses machen für immer einen Teil des Reichtums aus, der erst in seiner ganzen gegliederten Vielfalt den umfassenden Namen Deutschlands trägt.

Baden-Baden, 1. September 1933

Nach neun nach:
Die Schlacht im Teutoburger Wald

> Mein Greifswalder Freund war auch ein deutscher Barde, und wie er mir vorbrachte, arbeitete er an einem Nationalheldengedicht zur Verherrlichung Hermanns und der Hermannsschlacht. Manchen nützlichen Wink gab ich ihm für die Anfertigung dieses Epos. Ich machte ihn darauf aufmerksam, daß er die Sümpfe und Knüppelwege des Teutoburger Waldes sehr onomatopöisch durch wäßrige und holprige Verse andeuten könne, und daß es eine patriotische Feinheit wäre, wenn er den Varus und die übrigen Römer lauter Unsinn sprechen ließe.
>
> (Heinrich Heine)

Als die Römer frech geworden

Joseph Victor von Scheffel

Als die Römer frech geworden,
Zogen sie nach Deutschlands Norden,
Vorne beim Trompetenschall
Ritt der Generalfeldmarschall
Herr Quintilius Varus.

Doch im Teutoburger Walde
Huh, wie pfiff der Wind so kalte;
Raben flogen durch die Luft
Und es war ein Moderduft
Wie von Blut und Leichen.

Plötzlich aus des Waldes Duster
Brachen krampfhaft die Cherusker;
Mit Gott für Fürst und Vaterland
Stürmten sie von Wut entbrannt
Gegen die Legionen.

Weh! das ward ein großes Morden.
Sie erschlugen die Kohorten;
Nur die römische Reiterei
Rettete sich noch ins Frei',
Denn sie war zu Pferde.

O Quinctili, armer Feldherr!
Dachtest du, daß so die Welt wär'?
Er geriet in einen Sumpf,
Verlor zwei Stiefel und einen Strumpf
Und blieb elend stecken.

Da sprach er voll Ärgernussen
Zum Centurio Titiussen:
„Kamerade, zeuch dein Schwert hervor
Und von hinten mich durchbohr',
Da doch alles futsch ist."

In dem armen römischen Heere
Diente auch als Volontäre
Scävola, ein Rechtskandidat,
Den man schnöd gefangen hat,
Wie die andern alle.

Diesem ist es schlimm ergangen;
Eh' daß man ihn aufgehangen
Stach man ihn durch Zung' und Herz,
Nagelte ihn hinterwärts
Auf sein Corpus Juris.

Als die Waldschlacht war zu Ende,
Rieb Fürst Hermann sich die Hände,
Und um seinen Sieg zu weihn,
Lud er die Cherusker ein
Zu 'nem großen Frühstück.

Nur in Rom war man nicht heiter,
Sondern kaufte Trauerkleider.
G'rade als beim Mittagsmahl
Augustus saß im Kaisersaal,
Kam die Trauerbotschaft.

Erst blieb ihm vor jähem Schrecken
Ein Stück Pfau im Halse stecken,
Dann geriet er außer sich
Und schrie: „Varus, Fluch auf dich!
Redde Legiones!"

Sein deutscher Sklave, Schmidt geheißen,
Dacht': „Ihn soll das Mäusle beißen,
Wenn er sie je wieder kriegt,
Denn wer einmal tot da liegt,
Wird nicht mehr lebendig."

Und zu Ehren der Geschichten
Tat ein Denkmal man errichten,
Deutschlands Kraft und Einigkeit
Verkündet es jetzt weit und breit:
„Mögen sie nur kommen!"

Der klassische Morast

Heinrich Heine

Das ist der Teutoburger Wald,
Den Tacitus beschrieben,
Das ist der klassische Morast,
Wo Varus stecken geblieben.

Hier schlug ihn der Cheruskerfürst,
Der Hermann, der edle Recke;
Die deutsche Nationalität,
Die siegte in diesem Drecke.

Wenn Hermann nicht die Schlacht gewann,
Mit seinen blonden Horden,
So gäb's die deutsche Freiheit nicht mehr,
Wir wären römisch geworden!

In unserem Vaterland herrschten jetzt
Nur römische Sprache und Sitten,
Vestalen gäb' es in München sogar,
Die Schwaben hießen Quiriten!

Der Hengstenberg wär' ein Haruspex
Und grübelte in den Gedärmen
Von Ochsen. Neander wär' ein Augur,
Und schaute nach Vogelschwärmen.

Birch-Pfeiffer söffe Terpentin,
Wie einst die römischen Damen.
(Man sagt, daß sie dadurch den Urin
Besonders wohlriechend bekamen.)

Der Raumer wäre kein deutscher Lump,
Er wäre ein röm'scher Lumpazius.
Der Freiligrath dichtete ohne Reim,
Wie weiland Flaccus Horazius.

Der grobe Bettler, Vater Jahn,
Der hieße jetzt Grobianus.
Me hercule! Maßmann spräche Latein,
Der Marcus Tullius Maßmannus!

Die Wahrheitsfreunde würden jetzt
Mit Löwen, Hyänen, Schakalen
Sich raufen in der Arena, anstatt
Mit Hunden in kleinen Journalen.

Wir hätten einen Nero jetzt
Statt Landesväter drey Dutzend.
Wir schnitten uns die Adern auf,
Den Schergen der Knechtschaft trutzend.

Der Schelling wär' ganz ein Seneka
Und käme in solchem Conflikt um.
Zu unserem Cornelius sagten wir:
„Kakatum non est piktum."

Gottlob! Der Hermann gewann die Schlacht,
Die Römer wurden vertrieben,
Varus mit seinen Legionen erlag,
Und wir sind Deutsche geblieben!

Wir blieben deutsch, wir sprechen deutsch,
Wie wir es gesprochen haben;
Der Esel heißt Esel, nicht asinus,
Die Schwaben blieben Schwaben.

Der Raumer blieb ein deutscher Lump
In unserem deutschen Norden.
In Reimen dichtet Freiligrath,
Ist kein Horaz geworden.

Gottlob, der Maßmann spricht kein Latein,
Birch-Pfeiffer schreibt nur Dramen,
Und säuft nicht schnöden Terpentin,
Wie Roms galante Damen.

O Hermann, dir verdanken wir das!
Drum wird dir, wie sich gebühret,
Zu Detmold ein Monument gesetzt;
Hab selber subskribieret.

Von dene Monemente

Ernst Elias Niebergall

Datterich (zu Bennelbächer). Hawwe-Se aach Ebbes for des Hermannsmonement unnerschriwwe?
Bennelbächer. Wann ich des Geld zu fresse hett! Mir setzt aach Kahner ahns, wann ich emol doht bin.
Datterich. Sie läwe im Gedächtniß von Ihre Freind, da braucht mer kah Monement.
Spirwes. Warum will mer dann Dem *zwah* setze?

Schmidt. Wie so zwah?
Spirwes. In Mainz steht jo schon ahns; es wor doch Der, wo die Buschdawe erfunne hot?
Datterich. Nein, liewer Freind, des war e ganz Annerer: Der hat Deitschland befreit.
Spirwes. Ganz wohl, des wisse mer aach, awwer er hot Blicher gehaaße, des wor der Maschall Vorwerts.
Datterich. Aach net. Der Hermann hat vor lange Zeite geläbt un hot die Remer abkamesolt.
Bennelbächer. Ich will nix von dene Monemente wisse. Ich wor in Gernsem, wie se dem Scheffer do ahns gesetzt howwe: Gott, wann ich noch droh denk! Mer hot gemahnt, der Deiwel hett sein Sack mit Mensche ausgeleert gehatt: Alles wor-der Ihne sindedeier un for sei Geld hot mehr net emol ebbes krije kenne. Mei Frah is mit Ahm Schuck hahmkumme un mir hat so e Rheiflejjel mei Peif aus dem Maul gestoße, daß se kabutt gange is. Ahmol bei eme Monement un net mehr.
Spirwes. Do howwe-Se ganz mei Reljon.
Datterich. Sie sinn mer scheene Padriote! Wann der Hermann net gewäse wehr, do hette die Remer Deitschland ganz unnerjocht.
Schmidt. Alleweil dehte mer vielleicht ladeinisch schwätze.
Bennelbächer. Des wehr recht gut, do deht mer doch aach dene Advekate ihr ladeinische Brocke vasteh.

Vom Suchen nach deutscher Größe

Wilhelm Raabe

Ich verließ meinen Ruheplatz und ging durch den Buchenwald den nächsten Berg hinauf bis zu einer freien Stelle, von wo aus der Blick weit hinausschweifen konnte in's schöne Land des Sachsengaus. Welch' eine Scholle deutscher Erde! Dort jene blauen Höhenzüge — der Teutoburger Wald! Dort jene schlanken Thürme — die große germanische Culturstätte, das Kloster Corvey! Dort jene Berggruppe — der Idth! cui Idistaviso nomen sagt Tacitus. Ich bevölkerte die Gegend mit den Gestalten der Vorzeit. Ich sah die achtzehnte, neunzehnte und zwanzigste Legion unter dem Proconsul Varus gegen die Weser ziehen, und lauschte ihrem fern verhallenden Todesschrei. Ich sah den Germanicus denselben Weg kommen und lauschte dem Schlachtlärm am Idistavisus; bis der große Arminius, der „turbator Germaniae" durch die Legionen und den Urwald sein weißes Roß spornte, das Gesicht unkenntlich durch das eigene, herabrieselnde Blut, geschlagen, todmüde. Ich sah, wie er die Cherusker von Neuem aufrief zum Kampf gegen die „urbs"; wie das Volk zu den Waffen griff: pugnam volunt, arma rapiunt: plebes, primores, juventes, senes!

Aber wo ist denn die Puppe? kam mir damit plötzlich in den Sinn. Ich schleuderte den Tacitus in's Gras, stellte mich auf die Zehen, reckte den Hals aus, so lang als möglich, und schaute hinüber nach dem Teutoburger Walde. Da eine vorliegende „Bergdruffel" (wie Joach. Heinr. Campe sagt) mir einen Theil der fernen blauen Höhen verbarg, gab ich mir sogar die Mühe, in eine hohe Buche hinaufzusteigen, wo ich auch das Fernglas zu Hülfe nahm. Vergeblich; – nirgends eine Spur vom Hermannsbild! Alles, was ich zu sehen bekam, war der große Christoffel bei Cassel und mit einem leisen Fluch kletterte ich wieder herunter von meinem luftigen Ausflug. Hatte ich aber eben einen leisen Segenswunsch von mir gegeben, so ließ ich jetzt einen um so leutern los. Ich sah schön aus! „Das hat man davon", brummte ich, während ich mir das Blut aus dem aufgeritzten Daumen sog, „das hat man davon, wenn man sich nach deutscher Größe umguckt: einen Dorn stößt man sich in den Finger, die Hosen zerreißt man, und zu sehen kriegt man nichts als – den großen Christoffel." Ärgerlich schob ich mein Fernglas zusammen, steckte den Tacitus zurück in die Tasche und ging hinkend den Berg hinunter, wieder der Weser zu.

Romeo und Übermensch

Fritz von Unruh

Am nächsten Tag machten die fünf Brüder einen Ausflug zum Hermannsdenkmal. Als sie nach anderthalb Stunden durch den dick verschneiten Wald auf dem Gipfel ankamen und an dem mächtigen, säulengeschmückten Rundbau hinaufblickten zu der grünspanfarbenen

Kolossalfigur mit dem erhobenen Schwert in der Hand, verschlug es ihnen den Atem. Unwillkürlich nahmen sie alle die Mützen ab. In die Stille hinein sagte Magnus:
„Ziegen und Affen! Jawoll! Unser Hermann, das war ein Germane! Genauso denkt man ihn sich. Ein Übermensch! Großartig!"
„Ja", grinste Paul, „es hat den Erbauer, Ernst von Bandel, aber auch 60000 Mark gekostet, eh er dies Denkmal hier auf der Grotenburg aufbauen konnte. Zuerst wollte ihm nämlich keiner Geld geben. Erst viel später erhielt er dann aus Reichsmitteln einen Zuschuß von 30000 Mark. Ja, diese Spießer. Na, aber nun steht es endlich hier oben als Wahrzeichen."
„Für alle Germanen! Jawohl: für alle Germanen!" nickte Magnus.
„Ist es wahr, daß in dem Kopf oben ein kleines Zimmer ist?"
„Stimmt", rief der Gymnasiast, „man hat eine herrliche Aussicht von dort über den Teutoburger Wald!"
„In der Faust, die das Schwert hält", sagte der kleine, schmale Albrecht, „da kann man gebückt stehen. Aber jetzt im Winter kann man nicht rein. Es ist geschlossen."
„Kinders", setzte sich Magnus die Mütze wieder auf, „es wird einem ganz erhaben zu Mut, wenn man denkt, daß dieser Hermann der erste war, der es fertiggebracht hat, die germanischen Stämme unter einen Hut zu kriegen. Das heißt, er hat ja einen Helm auf und sogar zwei Flügel dran wie der Lohengrin. Man stelle sich vor: die Macht des Römerreiches! Und unser Germanien besetzt bis hierher zum Teutoburger Wald! Eine Schande! Und da wagt es dann dieser Hermann, den frechen Römern eins auf den Schädel zu hauen!"
„Als die Römer frech geworden", sangen die Gymnasiasten los, „simserimsimsimsimsim, zogen sie nach Deutschlands Norden, simserimsimsimsimsim! Pauken und Trompetenschall..." „Aber dann", rief Magnus, „Krähen flogen durch die Luft, und es war ein Moderduft wie von Blut und Lei-eichen!" Nun grölten die Gymnasiasten mit: „Wie von Blut und Lei-eichen!"
„Jawoll", stierte Magnus in das bleierne Schweigen der Schneelandschaft, „und schon wieder werden die ‚Römer' frecher und frecher. Aber man sieht nirgends einen Armin. Nee, meine lieben Brüder, den sieht man nicht. Man möchte vor Wut aus der Haut fahren, bedenkt man, wie die Römer einst hier in unseren Wäldern gehaust haben. — Na, und wenn man heute die Berliner Presse liest? Wer haust da? Das Zentrum, nur Pfaffen und Juden! An jedem Zeitungskiosk die ‚Zukunft' von diesem Maximilian Harden oder das ‚Berliner Tageblatt'. Nee, meine Brüder, was diese ‚Römer' uns Germanen für eine Zu-

kunft wünschen, das schwant einem. Ihr denkt, der Kaiser regiert oder Preußen? Hahaha! Nee, Rom regiert und die Hofjuden! Ich sehe sie doch immer vorfahren, wenn ich Schloßwache habe. Jawoll! — Na, unser Herr Prinzenmitschüler sagt ja gar nichts! Woran denkt er denn, daß er immer so in den Wald reinglotzt?"

„Ich? — Ich erlebte eben im Geist die größte deutsche Liebestragödie, die von keinem Drama übertroffen wird. Was ist denn ‚Romeo und Julia' gegen ‚Hermann und Thusnelda'? Und hier hat es sich abgespielt. Hier hat der Cheruskerfürst das schöne, schlanke Mädchen mit dem weizengelben Haar und den Kornblumenaugen aus dem Hof ihres Vaters Segest, des Römerfreundes, fortgeholt und ist mit ihr durch diese Wälder geritten."

„Ja, dieser Segest", knirschte der Leutnant, „das war auch so ein Typ wie jene deutschen Fürsten, die ihre Untertanen verkauften..."

„Wenn man es in der Geschichtsstunde nur hört, das ist gar nichts", redete U 2 weiter, „aber wenn man hier im Teutoburger Wald steht und sich vorstellt, wie Hermann und Thusnelda in einer Liebe vereint waren, die so groß war wie die von Dante und Beatrice oder vielleicht noch größer...! Denn Thusnelda war keine philosophische Idee, sie lebte ja wirklich. Sie war eine jener Frauen, die, wie Tacitus sagte, heilig und prophetisch waren! Ach, Kinders, was waren das für wunderbare Menschen! Hermann und Thusnelda liebten und achteten sich, und aus ihrer Liebe entsprang der Funke ihres Freiheitsgefühls. Wenn sie den Waldtieren zusahen oder zwischen den Zweigen das Licht der Sonne, der Sterne oder des Mondes auf sich fühlten, dann konnten sie gar nicht anders, als mit jedem Atemzug spüren, was Gott gemeint hatte mit der Freiheit. Und sie waren an Leib und Seele rein. Ich sage euch, wäre ihnen hier im Wald der zu ihrer Zeit neunjährige Christus begegnet, wahrhaftig, ich schwöre euch..."

„Haha, unser Prinzenmitschüler", stemmte Magnus die Hände in die Hüften, „das ist ja eine perverse Vorstellung: Christus hier im Teutoburger Wald zu Besuch bei Hermann! Hahaha. Wenn du noch Baldur gesagt hättest. Aber Christus?"

„Vielleicht habe ich mich nicht gut ausgedrückt", erwiderte U 2. „Ich meine, Christus hat gesagt ‚Selig sind die reinen Herzens sind, denn sie werden Gott schauen'. Wahrhaftig, ich glaube, Thusnelda und Hermann waren so reinen Herzens. Und deshalb haben sie auch die Freiheit geschaut. Denn was kann Gott anderes sein als die Freiheit? Ich meine: als jene Freiheit..."

„Na nu stopp mal", blickte ihn Magnus schief an, „nun hör mal auf, romantisch zu sein! Das ist's ja gerade, was diese ‚Römlinge' von uns

Germanen wollen, daß wir romantisch bleiben, Träumer, dumme Michel!"
„Pardon", hakte sich U 2 den Mantelkragen auf, „aber du verstehst nicht, was ich meine. Ich wollte nur feststellen, daß dem Hermann die Kraft, die Germanenstämme zu einen und gegen Rom zu führen, aus diesem Freiheitsgefühl kam, das er durch seine Liebe entdeckt hatte."
„Habt ihr das gehört, Brüder? Der Herr Prinzenmitschüler ist der Ansicht, daß Arminius durch die Liebe befähigt wurde, die Hermannsschlacht zu schlagen! Na, denn Prost!"
„Das sind keine romantischen Träumereien, sondern geschichtliche Tatsachen! Mit dem Sieg über Varus hatte Hermann als erster die deutsche Einheit geschaffen. Doch dann begann die Tragödie. Als Segest bei einem heimtückischen Überfall Thusnelda und ihr Söhnchen raubte, irrte Hermann, wie aus der Harmonie gerissen, in diesen Wäldern umher, bis er Hilfe fand. Dann brach er auf, um sie sich wiederzuholen. Und es wäre ihm auch gelungen, wenn der Verräter Segest nicht Germanicus zu Hilfe gerufen hätte..."
„Ihr habt wohl gerade in der Prinzenschule die Hermannsschlacht durchgenommen?" spöttelte Magnus mit den Brüdern augenzwinkernd.
„Nein!" stampfte U 2 erregt im Schnee auf und ab, „aber mich hat Hermanns und Thusneldas Schicksal erschüttert. Hermann, der Befreier, von seinen eigenen Verwandten feige ermordet, weil er ein Prophet war! Und Thusnelda! Von den Römern gefangen und im Triumphzug des Germanicus in Rom mit vorbeigeführt, weil sie eine stolze, liebende Frau war! Und ihr Sohn — von den Siegern zum Gladiator erzogen! Kann man sich größeres Leid vorstellen? Beide einst in dem unbändigen Freiheitsgefühl ihrer Liebe vereint — und dann: ermordet, gefangen, verhöhnt!"
Es entstand ein Schweigen, das noch tiefer war als das der Wälder umher. Auch Magnus hatte einen ernsten Ausdruck bekommen. Auf einmal knisterte es hinter ihnen im Unterholz. Als sie sich erschrocken umdrehten, trat ein Zwölfender aus den Tannen. Überstäubt vom Schnee, den sein Geweih aus den Ästen gestreift hatte, erschien der Hirsch majestätisch, einsam in der Lichtung, äugte zu ihnen hinüber und schritt ganz langsam über die Schneefläche auf der anderen Seite wieder in die Wälder hinein. Die Brüder sahen sich an. Dann sagte Magnus:
„Wißt ihr was? Dieser Hermann, der hat lange, lange vor dem Rütlischwur in der Schweiz hier oben einen Schwur mit den germanischen Stämmen geleistet. Geben wir uns jetzt hier mal die Hand und schwö-

ren wir wie Armin mit seinen Stämmen im Angesicht dieser Wälder
... Nun, wir wissen ja, was wir schwören!" Die Brüder hielten sich minutenlang bei der Hand fest. Auf einmal sagte Erich: „Die Sonne geht unter. Wir müssen nach Haus, eh' die Dunkelheit kommt."
„Ja", flüsterte U 2, „schwören wir, daß wir, ehe die Dunkelheit kommt, das Licht der Freiheit finden wollen! Mag die Sonne auch untergehn. Aber sie geht ja nicht unter. Nein, sie kreist in 250 Millionen Jahre einmal um ein unbekanntes Zentrum ..."
"Na, nun Schluß mit der Romantik. Es wird tatsächlich schon duster. Wir haben anderthalb Stunden zu gehen, und heute abend ist Besuch bei den Eltern. Der Lippesche Minister kommt. Also vorwärts."
Es wurde rasch finster. Hintereinander stapften sie durch den knirschenden Schnee bergab. Eulen flogen über sie hin, man hörte die Rufe von Nachtvögeln.
„Hört ihr, das war der Schrei des Leichenvogels!" Der kleine Albrecht blieb zitternd stehen. „Auf unserem Schulausflug im Herbst hat er auch geschrien. Da sagte der Lehrer: ‚Verirrt euch nicht! Hier geht es um, die Geister der Gefallenen aus der Hermannsschlacht lärmen hier nachts herum!'"
„Na geh doch weiter", gab ihm Erich einen Stoß. „Du wirst doch keine Angst vor Geistern haben?"
Der Kadett war stehengeblieben. Nun ging er vom Weg ab durch den Wald den Hang hinunter in der leisen Hoffnung, unten am Waldrand auf den Feldern vielleicht das erleuchtete Schloß zu sehen, von dem gestern die Rede war. Über Baumwurzeln stolpernd redete er laut vor sich hin:
„Komisch, hier ist man so frei! Am liebsten würde ich hier für immer verschwinden. Mir graut vor der Gesellschaft heute abend. Alles so eng in den Zimmern. Und in einer Woche geht es schon wieder nach Plön. Wind, Wind, nimm mich mit! Hermann, Thusnelda, ihr Gefallenen aus der Hermannsschlacht, ich rufe euch!" Aber nichts regte sich. Als er aus dem Wald trat, glitzerten die Sterne unwahrscheinlich hell und nah. Vor sich auf den Feldern erblickte er etwas, das bald wie ein Mensch aussah, bald wie ein Weidenstumpf. Als er zögernd herankam, saß da eine alte Frau auf einem Reisigbündel und starrte ihn an.
„Allein?" rief sie krächzend.
„Ja, allein", U 2 blieb stehen. Da packte sie ihn.
„Halten sie mich bitte nicht fest."
„Wohin so eilig?"
„Da runter."

„Hihi! Ja, runter müssen wir alle, runter, runter! Kalt heute, alle Wasser zugefroren, kalt! Warte, erst sag ich dir ein Geheimnis!" Und nun flüsterte sie: „Wir werden nicht alle entschlafen, hörst du! Aber wir werden alle verwandelt werden. Halt, halt! Nimm erst den Stein, den schenk ich dir, damit du nicht erschrecken mußt vor dem Grauen des Nachts und vor den Pfeilen, die am Tage schwirren. Halt, halt!" Aber U 2 riß sich los und rannte über die Felder nach Hause.

Der Teutoburger Wald

Volker Braun

Die Hügel nahe sind entfernt vom Wetter
Naß die Fichten, keine drei Schritt vor mir
Wegtretend im Nebel, der Wanderweg
Empfiehlt sich in das Nichts. Glitschig am Fuß
Und waldursprünglich aus dem Hinterhalt
Geschichte, die Gräber im letzten Dickicht
Wie kauernde, in Reih und Glied, Soldaten
In Schlamm versinkend offnen Augs blind:
In meinem Alter mein Herr Vater fröhlich
Im Eilmarsch von Sachsen bis Niedersachsen
Verschossen in den Krieg, die Fahnenjunker-
Anwärter (auf dem Grab: Anwärter), er
Freiwillig meldet der sich, englische
In dem Gestrüppe! Tanks anschleichen, das
Am letzten Schlachttag, war sein Oster-
Denn Ostern wars, spaziergang in den Tod.
Die Vöglein schweigen im Walde, warte nur.
Was soll ich sagen, bald könnt ich sein Vater
Sein, und war einst vor was weiß ich viel Jahren
Mit vielen Brüdern um den Urmensch, eine
Idylle mit geladenem Gewehr
Auf der Veranda, das er uns erklärt
Vorweg, den äußerlichsten Mechanismus
Seines Ablebens. Und der Wald steht stur

Über den Gräbern, die auf Gräbern ruhn
Sinds Wurzeln oder Beine fleischlos kalt
Die mir ein Bein stelln und worauf ich geh
Mit meinem deutschen Bauch auf römischen Zehn
Die in Legionen knirschen unterm Schuh:
Die andre Schlacht wie gestern. Aus dem Laub
Im Hünenring die Freunde stochre ich
Auf in die Schlüfte, Armins Haubolde
(In Rochwitz unser Fleischer: Haubold, ja)
Drei Nächte sind wir, ausnahmsweise, einig
Aus Hängen sausend, und die Schlägertrupps
Aus Rom liegen ein Jahr den Krähen.
Von da bis heute alles Nebel hier
Das Denkmal selbst, Hermann mit Preußens Kraft
Unsichtbar in der Suppe. Das beweist nichts
Und nichts beweist was, Grabbe nebenan
Soff sich tot im Gasthof Zur Stadt Frankfurt
Nicht ohne daß er, die erfolgt war, die
Freiheit des Vaterlands für seine Fürsten
Und ihm blieb nur ein kaltes Weib, ein Giftzahn
Lorbeer auf sein Leichenhaupt und lebend
Ihn anpissen! besang. Das
Alles noch tief im Wald. In diesem Detmold
Im Pornofilm Thusnelda, sah ich, kaut
An Hermanns Schwert und war nicht seine Braut.

Hermann der Cherusker

Kurt Bartsch

Hermann der Cherusker,
Im Teutoburger Wald
Da steht der Held, gehauen
In Bimsstein und Basalt.

Er mißt fast dreißig Meter
Vom Sockel bis zum Hut.
In Wind und Wetter steht er.
Das ist es, was er tut.

Er hält in seiner Rechten
Ein Schwert, der große Held.
Das Schwert wirft einen Schatten
Von hier bis Bielefeld.

In Bielefeld die Greise
Gehn ungern aus dem Haus,
Denn seines Schwertes Schatten
Sieht wie ein Grabkreuz aus.

Shakespeare — lippisch:
Christian Dietrich Grabbe

> Wie Plato den Diogenes sehr treffend einen wahnsinnigen Sokrates nannte, so könnte man unseren Grabbe leider mit doppeltem Recht einen betrunkenen Shakespeare nennen.
>
> (Heinrich Heine)

Die kleine Stadt

Christian Dietrich Grabbe

Residenzen wie Detmold gehören der Einwohnerzahl nach zu den Kleinstädten, und doch sind sie wieder weit von den Örtern verschieden, wie sie Kotzebue in seinen „Kleinstädten" geschildert hat. Man könnte über sie eine Komödie schreiben, die an jene Kotzebue'schen Kleinstädter nicht erinnerte und doch gerade so wahr und drollig wäre. Hat das Land siebzig bis achtzigtausend Bewohner, so drängt sich in seiner Residenz an Beamten, Sollizitanten etc. fast alles zusammen, was unter diesen Leuten Einsichten oder Aussichten (die bekanntlich nicht wechselseitig bedingen) besitzen mag. Zweifelsohne ist unter diesen Personen, besonders in Deutschland, wo es so viele stille, in sich selbst brütende, in sich selbst untergehende, in sich selbst zufriedene Genies gibt, viel Geist zu treffen, aber er liegt für jeden dritten im Schlaf. Man soll ihn wecken, und das hält schwer. Denn da kommt wieder die kleine Stadt: man kennt sich (so sonderbar die scheinbare Antithese lautet) zu genau, um sich nicht untereinander zu genieren oder zurückzustoßen, und man geniert sich zu sehr und stößt sich zu sehr zurück, um sich genau zu kennen, — für den Beobachter ein wundersames Schauspiel. Wie manche Lust, wie mancher Lichtfunken geht dadurch unter, aber mit Recht, denn die Leute selbst sind am Untergange schuld.

Die Hermannsschlacht

Christian Dietrich Grabbe

Das Bruch bei Detmold

(Der Prätor auf erhöhtem Sitz. Etwas tiefer neben ihm ein Schreiber. Vor ihnen processierende Cherusker.)
Prätor. Ein Kohlenbecken unter meine Füße. Das schneit und gefriert hier noch im März. Wir müssen nächstens ein Forum bauen mit Dach und Ofen.
Schreiber. Mich wundert nur, daß deine Milde das nicht längst geschehen ließ. Holz, Sandsteine, und sonstige Materialien finden sich dahier in Menge, Bauern, Pferde und Spanndienste im Überfluß.
Prätor. Eröffne die Sitzung.
Schreiber (liest in seinem Album und ruft dann:) Erneste Klopp contra Kater major.
Prätor (sieht auch in's Album). Katermeier heißt der Mann.
Schreiber. Thut nichts, Herr. Es kommt bei dem Volk wenig auf den Namen an. Es ist doch Vieh. Scheren wir es so viel wie möglich über einen Kamm.
Prätor. Was that dir Katermeier?
Die Klopp. Gott, ach Gott!
Prätor. Heraus mit der Sache und laß die Götter weg.
Die Klopp. Er machte mir das vierte Kind und gab mir keinen Heller.
Prätor. Du arme Hure.
Schreiber. Vorsichtig. Eine Hure scheint sie noch nicht. Die großen Lehrer Capito und Labeo streiten sich zwar über manche Rechtscontroverse —
Prätor. Ja, auch über des Kaisers Bart.
Schreiber. — jedoch sind sie darin eins, daß viel multum, fünfundzwanzigtausend bedeute, indem Cäsar in seinen Commentarien die Stärke seines Heeres in Gallien so bezeichnet, und dieses Heer nur aus jener Anzahl bestand. Die Klägerin sieht aber nicht aus, als ob sie schon durch fünfundzwanzigtausendmaliges Unterliegen zu der Vielheit gediehen sei, welche der Begriff von einer Hure erfordert. Die ist bloß eine Geschwächte, vulgo stu —
Prätor. Halt die Hand vor deinen übergelehrten Mund: *„Kurz ab und ohne Erläuterung des Wie und Warum"* heißt der Kappzaum für Germanen, denn je mehr du bei ihnen erläuterst und belehrst, je störriger werden sie.

(Zur Klopp:)
Du überlieferst deine vier Kinder dem Staat. Der Verklagte erhält 5000 Sestertien für sein wohlerworbenes Vierkinderrecht —
Schreiber. Ius quatuor liberorum, versteht ihr?
Katermeier. Eher als den Rechtsspruch hätt ich den Einsturz des Himmels vermuthet. — Wo empfang' ich das Geld?
Schreiber. Bei dem Quästor, nach Vorweisung dieses Zettels.
Katermeier. Gut.
(Beiseit:)
Hunde sind's doch. Sie wedelten sonst nicht so mit einem Schwanz von trügerischem Edelmuth.
Schreiber. Warte. Die Sporteln wird man von der Summe abzieh'n. Sie sind in dem Schein bemerkt.
Katermeier (für sich:) — Dacht' ich's nicht? — Ich gehe nach Haus und nicht zu dem rechenmeisterischen Quästor. Der specifikatzt (wie sie sagen) mir so viel Gebühren, daß ich auf die fünftausend Sestertien noch sechstausend zugeben muß. — Stinchen, siehst du? Du hättest es entweder nicht von mir leiden oder mich doch nicht verklagen sollen!
Die Klopp. Du hättest es mir nicht anthun sollen! Ich lege dir unsre Kinder vor deine Schwelle.
Katermeier. Das thu. Ich will den kleinen Plagen schon vorsichtig aus dem Wege gehn.
(Ab.)
Die Klopp. Und ihr Spitzbuben, Landsverkäufer, Katzenverkäufer, Links- und Rechtsverdreher, wer bezahlt meine Unschuld? Er hat sie, fort ist er, und ich muß hungern!
Schreiber. Gerichtsdiener, stopft der Person den Rachen.
Die Klopp. Rachen? Mund hast du zu sagen. Doch Rachen! O hätt' ich den, und dich Federfuchser unter meinen Zähnen, du solltest bald merken, wie du zu mausern anfingst!
Prätor. Höre nicht auf ohnmächtige Wuth. Verzeih' ihr.
(Zu Gerichtsdienern:)
Führt sie fort und peitscht sie an der Gerichtsmark für ihr freches Maul zum Abschied.
Volk. Sie durchpeitschen? Sie ist eine Freie!
(Die Gerichtsdiener haben ihr die Arme auf dem Rücken zusammengebunden und halten ihr den Mund zu.)
Schreiber. Mit Erlaubnis, ihr Herren, sie ward jetzt eine Gebundene.
(Die Klopp wird abgeführt.)

— Dietrich, Kläger, einerseits, contra Rammshagel, andrerseits.
Kläger, trag' deine Beschwerden vor.
Dietrich. Ich lieh' ihm 10 Goldstücke eures Gepräges —
Schreiber. Ein mutuum?
Dietrich. Dumm war's.
Schreiber. Lernt Latein und erwägt, daß wir nur aus Nachsicht euer Idiom gebrauchen.
Prätor (zum Schreiber). Den leichtzüngigen Galliern brachten wir innerhalb zehn Tagen unsre Sprache bei, diese hartmäuligen Germanen zwingen uns die ihrige auf.
Schreiber. Mit den Wölfen heulen, so lange man sie noch nicht ganz im Jagdnetz hat.
(Wieder zu Dietrich:)
Warum, wozu, auf welche Art und Weise liehest du ihm das Geld?
Dietrich. Zu Stapelage, im Wirthshaus. Ich schoß es ihm vor zum Knöcheln.
Prätor. Abgemacht. Beklagter ist frei. Spielschuld gilt nicht.
Dietrich. Hölle und Himmel, die ist ja Ehrenschuld.
Schreiber (zum Prätor). Was mögen die Buben unter Ehre verstehen?
Rammshagel. Dietrich, ich zahle nach einem halben Jahr. Ich kann nicht eher. Mein ältester Junge starb vorige Woche, und die Ärzte oder Quacksalber kosteten mir Geld über Geld, haben ihn auch auf ewig geheilt, in die kühle Erde. Gut. Ihn schmerzt nichts mehr. Er hat's besser als sein überlebender Vater. — Hättest mich nicht bei denen verklagen sollen.
Dietrich. Da sie weit herkommen —
Rammshagel. Meintest du es wäre viel daran? Pah, sie suchten nicht vierhundert Meilen von Haus, hätten sie etwas daheim. — Schenk' mir ein paar Monde Frist; meine letzte Milchkuh erhältst du morgen auf Abschlag. Ich und die Meinen können uns gut mit Wasser behelfen.
Dietrich. Alte Haut, behalte deine Kuh für dein Weib und deine Kinder. Ich schicke euch morgen eine zweite.
Schreiber. Der Ehebruch! Betheiligte, vor.
Volk. Schrecklich! Wo sind die Geschworenen?
Schreiber. Eorum haud necessitas. Hic acta!
Volk. Was pfeift der Gelbschnabel wieder? Wär's Gutes, wir verstän den es.
(Dumpfe Stimmen:)
Fürst, Hermann, warum bist du fern von uns und lässest uns verloren und allein? Kehre zurück: wir haben Fürsten nötig!

Schreiber. Silentium! — Amelung, sprich.
Amelung. Jenes Weib ist seit zehn Jahren meine Frau. Vorgestern erfahr' ich zufällig, doch um so mehr zu meinem Entsetzen, daß es schon vor sechs Jahren die Ehe brach.
Prätor. Ist das Alles? — Ehebruch und dergleichen dummes Zeug verjährt in fünf Jahren. Hättest du den Mund gehalten, man wüßte nichts von deinen Hörnern.
Schreiber. Ja, Amelung: si tacuisses philosophus mansisses!
Volk. Ehebruch verjährt? Was wird alt?
Prätor. Eure Kehlen schwerlich, wenn sie so unverschämt schreien. Seht neben mir die Arznei für Halsübel: Lictorenbeile.
Schreiber. Ah — der Hermann!
(Hermann kommt.)

Besuch bei Grabbe

Karl Immermann

Mein Freund begleitete mich nach Detmold. Unterwegs war auch viel von Grabbe die Rede, der dort als Auditeur angestellt ist . . . Indessen beschloß ich, die Sache auf sich beruhen zu lassen, aus mehreren Gründen, wovon der hauptsächlichste der war, daß man bei der jetzigen Stimmung der Menschen nie weiß, ob man nicht, wenn man arglos und wohlwollend sich jemandem nähert, in ihm einen findet, der sich's in den Kopf gesetzt hat, unser offenbarer oder heimlicher Widersacher zu sein. Der Zufall war aber für mich tätig.
Ich erfuhr, daß er auf die Ressource, wo wir uns befanden, kommen werde. Halb im Scherz wurde ausgemacht, daß, wenn ich mit ihm anknüpfen wolle, ich ihm als ein Doktor Müller aus Bremen, der die Cholera in Warschau studiert habe und sich auf der Rückreise befinde, vorgestellt werden solle.
Nach kurzer Frist erschien nun nichts Gigantisches oder Abnormes, sondern ein schmales spärliches Männchen, mit einem länglichen ovalen Gesicht und einem nicht übel gebildeten Munde, dessen blasses Antlitz aber durch ein fahles Haupthaar noch tonloser und mitleidens-

würdiger wurde. Er sprach still und schüchtern mit dem Beamten. Mystifikationen gelingen mir nicht; schon der Gedanke an den Vorsatz erregte mir Unmut, ich trat ihm näher, nannte meinen Namen und sprach eine gewöhnliche Begrüßung aus. Statt sie unbefangen zu erwidern, sagte er verlegen etwas Unverständliches, und es erfolgte ein ganz sonderbarer Moment. Man rückte ihm einen Stuhl hin, suchte das Gespräch in einen gleichgültigen Train zu bringen; umsonst, er blieb einsilbig, unbeholfen. Erst nachdem er einige Orth Wein zu sich genommen, wurde er etwas freier und regalierte uns mit barocken Einfällen, in denen ich sein Naturell erkannte. Ein Anwesender wollte das Gespräch auf seine Sachen bringen. Er lehnte es mit Heftigkeit ab und erklärte, daß man ihn damit aus der Stube treiben werde.
Sein Wesen hatte etwas so Ursprüngliches und Ungemachtes, war von der gewöhnlichen Manier unsrer schönen Geister so fern, daß diese Viertelstunde meine Überzeugung von ihm nur noch fester bestärkt hat. Bestochen hat er mich nicht; mein Gefallen muß also wohl reiner Art sein. Die widerwärtigsten Hemmungen mögen ihn umgeben und bedrängen. Ich glaube aber, daß seine Natur stark genug ist, um über alles zu siegen.

Bei Grabbes Tod

Ferdinand Freiligrath

Dämm'rung! – das Lager! – Dumpf herüber schon
Vom Zelt des Feldherrn donnerte der Ton
Der abendlichen Lärmkanonen;
Dann Zapfenstreich, Querpfeifen, Trommelschlag,
Zusammenflutend die Musik darnach
Von zweiundzwanzig Bataillonen!

Sie betete: „Nun danket alle Gott!"
Sie ließ nicht mehr zu Sturmschritt und zu Trott
Die Büchse fällen und den Zaum verhängen;
Sie rief die Krieger bittend zum Gebet,
Von den Gezelten kam sie hergeweht
Mit vollen, feierlichen Klängen.

Der Mond ging auf. Mild überlief sein Strahl
Die Leinwand rings, der nackten Schwerter Stahl
Und die Musketenpyramiden.
Ruf durch die Rotten jetzo: „Tschako ab!"
Und nun kein Laut mehr! Stille, wie im Grab —
Es war im Krieg ein tiefer Frieden.

Doch anders ging es auf des Lagers Saum
Im Weinschank her; — da flog Champagnerschaum,
Da hielt die Bowle dampfend uns gefangen,
Da um die Wette blitzten Epaulett'
Und Friedrichsd'or; da scholl's am Knöchelbrett:
„Wer hält?" und Harfenmädchen sangen.

Zuweilen nur in dieses wüsten Saals
Getöse stahl ein Ton sich des Chorals,
Mischte der Mondschein sich dem Schein der Lichter.
Ich saß und sann — „Nun danket —" „Qui en veut?"
Geklirr der Würfel — da auf einmal seh'
Aus meiner alten Heimath ich Gesichter.

„Was, du?" — „Wer sonst?" — Nun Fragen hin und her.
„Wie geht's? von wannen? was denn jetzt treibt der?"
Auf hundert Fragen mußt' ich Antwort haben. —
„Wie" — „Nun, mach schnell, ich muß zu Schwarz und Roth!"
„Gleich! nur ein Wort noch: *Grabbe?*" — "Der ist todt;
Gut' Nacht! Wir haben Freitag ihn begraben!"

Es rieselte mir kalt durch Mark und Bein!
Sie senkten ihn vergangnen Freitag ein,
Mit Lorbeern und mit Immortellen
Den Sarg des todten Dichters schmückten sie —
Der du die hundert Tage schufst, so früh! —
Ich fühlte krampfhaft mir die Brust erschwellen.

Ich trat hinaus, ich gab der Nacht mein Haar;
Dann auf die Streu, die mir bereitet war
In einem Kriegerzelt, warf ich mich nieder.
Mein flatternd Obdach war der Winde Spiel;
Doch darum nicht floh meinen Halmenpfühl
Der Schlaf — nicht darum bebten meine Glieder.

Nein, um den Todten war's, daß ich gewacht:
Ich sah' ihn neben mir die ganze Nacht
Inmitten meiner Leinwandwände.
Erzitternd auf des Hohen prächt'ge Stirn
Legt' ich die Hand: „Du loderndes Gehirn,
So sind jetzt Asche deine Brände?

Wachtfeuer sie, an deren sprüh'nder Glut
Der Hohenstaufen Heeresvolk geruht,
Des Corsen Volk und des Carthagers;
Jetzt mild wie Mondschein leuchtend durch die Nacht,
Und jetzo wild zu greller Brunst entfacht —
Den Lichtern ähnlich dieses Lagers!

So ist's! wie Würfelklirren und Choral,
Wie Kerzenflackern und wie Mondenstrahl
Vorhin gekämpft um diese Hütten,
So wohl in dieses mächt'gen Schädels Raum,
Du jäh Verstummter, wie ein wüster Traum
Hat sich Befeindetes bestritten.

Sei's! diesen Mantel werf' ich drüber hin!
Du warst ein Dichter! — Kennt ihr auch den Sinn
Des Wortes, ihr, die kalt ihr richtet?
Dies Haus bewohnten Don Juan und Faust;
Der Geist, der unter dieser Stirn gehaus't,
Zerbrach die Form — laßt ihn! Er hat gedichtet!

Der Dichtung Flamm' ist allezeit ein Fluch!
Wer, als ein Leuchter, durch die Welt sie trug,
Wohl läßt sie hehr den durch die Zeiten brennen;
Die Tausende, die unterm Leinen hier
In Waffen ruhn — was sind sie neben dir?
Wird ihrer Einen, so wie dich, man nennen?

Doch sie verzehrt; — ich sprech' es aus mit Graun!
Ich habe dich gekannt als Jüngling; braun
Und kräftig gingst dem Knaben du vorüber.
Nach Jahren drauf erschaut' ich dich als Mann;
Da warst du bleich, die hohe Stirne sann,
Und deine Schläfe pochten wie im Fieber.

Und Male brennt sie; — durch die Mitwelt geht
Einsam mit flammender Stirne der Poet;
Das Mal der Dichtung ist ein Kainsstempel!
Es flieht und richtet nüchtern ihn die Welt!"
Und ich entschlief zuletzt; in einem Zelt
Träumt' ich von einem umgestürzten Tempel.

Grabbes letzter Sommer

Thomas Valentin

‚Ich hätte nicht zurückkommen dürfen', dachte Grabbe, ‚aber wohin, wohin? Jetzt bin ich zu Detmold verurteilt, ungezählte Jahre zu Detmold verurteilt, wie zweimal schon. Dazu diese schneidende Frau, meine Eheliebste, das Beest. Das Elend, die Armut. Ich brauchte doch so wenig: eine ruhige Stube, ein Bett, einen Ofen, einen Tisch, zwei Stühle, einen Schrank. Mit fünfzehn Groschen am Tag will ich auskommen und Dramen schreiben, gegen die alles, was heute auf dem Theater herumstolziert und mit der hohlen Schelle rasselt, Firlefanzerei ist, breitgetretener Quark. Ich will an den eisernen Stäben der Verhältnisse rütteln, daß ihnen die Nachtmützen vom dumpfen Kopfe fliegen und sie wieder in die Hosen pissen wie 1789, wenn sie nur einen grünen Hering essen, der zu nahe an das Wort ‚Revolution' geriet, als ihn die Krämerin in eine Zeitung wickelte.'
Das Wasser im Kanal lag nun starr und dunkel wie Schieferplatten. Eine Dienstmagd mit ihrem Einkaufskorb knickste auf der Brücke vor jenem Konsistorial-Sekretär und huschte rasch hinüber auf das Ostufer des Kanals. Eine Ratte tauchte unter einer Baumwurzel herauf. Grabbe beugte sich weit vor. Die Ratte spürte seinen Schatten, zögerte und witterte. Ihre listigen Augen blickten Grabbe aufmerksam an. Er pfiff, und die Ratte ließ sich von der Baumwurzel ins Wasser fallen, verschwand unter dem hängenden Gras.
Grabbe schlug mit seinem Regenschirm nach ihr, traf sie nicht, schlug immer weiter aufs Wasser und freute sich, als sein Gesicht naß wurde. „Rattenwasser!" sagte er laut. Er leckte die Tropfen von seiner Oberlippe. „Rattenwasser!"

Wie oft hatte er hier gehockt und das Wasser und die Wolken darin und die Ratten und die Krickenten belauert, als er drüben in der Laube am Knochenbach seinen *Gothland* begann und verwarf und wieder begann. Da hatten sie die Augen aufgerissen, mit der Zunge geschnalzt und ihren Wind abgelassen! Nicht hier in der Residenz des Fürstentums Lippe, dem tristen Läusenest mit seinen viertausend Einwohnern, nein, in Berlin, in Dresden — wohin er auch kam! Da war der Ruhm ihm nahe gewesen und die Jugend. Tieck und Heine hatten ihn mit den Weltgenies des Theaters in einem Atem genannt, mit Shakespeare — bis er auf die Knie mußte, zu Kreuze kriechen, ins Geldsystem, ins Amt, wie dieser Landsmann, der da unten zum Hof schritt, als ginge es nach Aranjuez.

Grabbe kehrte um. Ekel packte ihn und Wut. Er bleckte die Zähne hinter diesem Polonius her, der sich jetzt ins Residenzschloß schlängelte, dem Fürsten die Stiefel abzulecken und in seinen Taschen zu fischen. ‚Die Hosenklappe sollt man eher vorm Gesichte als vorm Bauche tragen, bei den meisten ist die ärgste Zote eben das Gesicht!' Grabbe schlug sich mit der Faust in die flache Hand, sein Schirm wirbelte. ‚Wahr ist's! Ich habe in meiner Dichtung immer die Wahrheit gesagt, keine schwarmgeistigen Phrasen gemacht, nicht gequengelt.' Kein Hoftheater — das überließ er den Baronen und den Pfaffen! Er, Grabbe, schrieb für — ja, für wen schrieb er? Wer gab ihm den Auftrag, wer waren seine Zuschauer, seine Leser, wo wirkte er?

„Keine Sentimentalitäten!" sagte er laut. „‚Der Mensch trägt Adler in dem Haupte und steckt mit seinen Füßen in dem Kote!'" Und dachte: ‚Papperlapapp, ich wollte, ich hätte drei Eierpfannkuchen und sieben Flaschen Bier. Wer schickt mir die fünfzehn Groschen am Tag in die Stube, it is the question, Freund Hamlet. Wenn du der Sohn armer Leute gewesen wärest, hättest du deines Vaters Geist von rohen Zwiebeln reden hören. Ich muß mich hier verstellen wie du, Hamlet, aber dabei auch noch sehen, wo der Roggen für mich wächst — bis ich meine Löwen in ihren Kabinetten und Salons loslasse. Ça ira.'

Grabbe strich am Gitter des Residenzschlosses entlang. Abendsonne funkelte auf den vergoldeten Spitzen der schwarzen Eisenspeere. Ein Hornsignal flog über das Maigrün des frischgeschnittenen Grases im Park. Die Schwäne trieben ruhig auf dem Wasser, und die Kieselsteine knirschten unter dem pendelnden Schritt der Wache.

Grabbe las einen Zweig von der Straße und ratschte am Gitter vorwärts, wollte laufen und das trockene Schnarren hören. Als Kind war es gut gewesen, diesen barschen Ton in die Welt zu setzen; es machte Herzklopfen, eine warme Angst zwischen den Schulterblättern, und

ließ den Atem schneller fliegen. Doch die frühen Schauer rieselten heute nicht mehr über den Rücken, die Schläfe pochte nicht, und das Holz klapperte schlapp über die eisernen Stäbe. Grabbe spürte wieder die Kugeln an seinen Füßen, die Zuchthauskugeln und die Ketten. ‚Ihr müßtet mich zu Pferde sehen!' dachte er. [...]
Hinter Hiddesen, ein Kornhändler hatte ihn auf seinem Rollwagen mitgenommen, stieg er gegen den Berg in den Lippischen Wald. Grabbe fühlte sich frisch, jung; er knöpfte den braunen Rock auf und sog die reine Luft in sich. Seine empfindlichen Füße schmerzten auf dem Waldboden nicht. Er ging zwischen den Bäumen und hielt die Hand auf: Sonne fiel hinein, er zog die Soldatenmütze ab und öffnete sich der milden Wärme — der Frost in seinem Gemüt, seinem Fleisch taute. Grabbe versuchte zu laufen, über einen vom Wetter gestürzten Baumstamm zu springen. Es gelang ihm; er wurde froh und ging weiter.
Hier kannte er jeden Steg, jeden Bach! Hier war doch das Hellste seiner Erinnerungen von der Kindheit her, das Lebendigste, das geschwiegen hatte, jahrelang, zugeschüttet vom Elend, der gebrochenen Hoffnung, den zerschlagenen Träumen, überschwemmt vom Rum. Doch jetzt stand es wieder auf, grünte, wuchs, reckte sich und schüttelte die Wipfel, in denen es sang, hundertstimmig und klar. Er hörte die Drossel wieder, der er vor zwanzig Jahren nachgeschlichen war, von Baum zu Baum in der Morgenfrühe, wenn der Vogel anhob und die fünf Noten, genau diese fünf Töne sang, frisch und durchsichtig, wie Quellwasser durch die Finger tropft — die Morgentöne aus einer Musik Mozarts! Erst viel später hatte er erfahren, daß der junge Mozart die Amsel lange vor seiner Komposition gehört, daß er Natur zum Widerklang, zu neuer Wirklichkeit gebracht hatte.
Auf einer Felskuppe blieb Grabbe stehen, wischte sich das Gesicht ab, sah um sich. Sternschanze, Uffler, Grotenburg und da drüben, weiter nach Süden, Hohnei, Kortewebelshals, Koppennacken, Möllmannskamp, Schnepfenflucht, Gauseköte — das klang doch anders als Düsseldorf und Eschersheim.
‚Das Sterben will ich im Teutoburger Wald abmachen. Nä, nä, erst das Stück, die *Hermannsschlacht*. Teufel, da wächst was! Ans Sterben denk ich nicht länger. Die *Hermannsschlacht* ist über mir wie ein Sternenmeer. Ich, die Krabbe aus dem Detmolder Zuchthaus — wenn ihr schon alle tot seid, verfault, vermodert, ich lebe noch! Mit meinem *Gothland* lebe ich noch, meinem *Napoleon*, meinem *Don Juan und Faust*, meinem *Hannibal*, in hundert Jahren noch. Die *Hermannsschlacht* muß noch mehr Wahrhaftigkeit haben, Schlachtendampf,

Gewitter, lange sprühende Blitze auf diese Gipfel! Mir ist einerlei, wie sie's auf die Bühne bringen wollen, das Stampfen der Pferde, das Morden — und die Massen, aus denen die Geschichte gemengt wird, das Volk, in dem Hermann verschwindet, aus dem Hermann sich aufbäumt wie der Sturm aus der flauen Luft. Ich hab eine Liebe für die Bauern Westfalens, ihre Steinschädel, ihre breiten, langsamen Hände, ihren erdfesten Tritt, den Argwohn ihrer Blicke; und ihre Mäuler, die so viel schlucken und kauen, ehe sie das Wort auf die Zunge legen — und wieder verschlucken. Gut, sie heucheln, daß sie Christen sind, stülpen sich sonntags den Heiligenschein auf die Dickköpfe und sind doch von der Demut, von den sanften Sinnen der Christen weiter weg als der Bulle von der Lilie. Auf den Gehöften jedenfalls und in den Dörfern. In Detmold nicht, da herrscht die Scheinheiligkeit, der Pietismus, die Gottesfurzerei — und die Gewinnsucht. Die Gewinnsucht! Schon in meinem *Hannibal* habe ich sie am Werk gezeigt, wie sie alles abwürgt, das Genie und sein Volk, wie sie die Pest ist in der Geschichte und im Menschen, der gleißende Tod, der alles ummäht, längst vorm Sterben. Aber darüber gibt's noch ein paar kräftige Worte für dich zu sagen, Grabbe! Schneidende Worte, denn das haben sie alle noch nicht aufs Theater gebracht: Goethe nicht, dieser Sohn wohlhabender Eltern, der aus seinem vornehmen Leben Literatur destilliert, aber nicht die Weltgeschichte geballt hat in seiner Dichtung, sprengkräftig; selbst Shakespeare zu wenig, der Aristokratenfreund; nicht einmal Schiller, der hatte keine Zeit, sich umzusehen auf der Erde, im Dreck, in den Kotten und in den Banken, den Kassetten und Kontoren der Geldfresser. Er mußte zu schnell hinab — hinauf? Was weiß ich! Sie haben mir viel zu tun übriggelassen.'

Zwischen den Buchen lag altes Laub, er schlurrte hindurch. Es raschelte mürb und geheimnisvoll laut; ein Salamander glitt vom Moosstein in einen Waldbach. ‚Als Kind haben wir sie gefangen und vor kleine Wagen aus Karten und Spanschachteln gespannt. Einer, der picklige Heinrich — sein Vater handelte mit Uniformen, jeder neunte in Detmold hatte eine Uniform —, der picklige Heinrich versprach mir sechs Steinhäger, wenn ich einen Feuersalamander im Maul bis zum ‚Apenkrug' trüge. Sechs Steinhäger — ich hab's gemacht! Als ich den ersten getrunken hatte, kam einer unserer Lehrer in die Schenke. Falkmann, nein, Pistorius, es verschlug ihm die Sprache, was er da sah, und ich trank die sechs Steinhäger, die vor mir standen, aus, alle ex, seelenruhig. Er hat sich gerächt, Pistorius. Nein, so hieß er nicht; Moebius? Ist ja auch einerlei.'

Grabbe kam zu einem stürzenden Waldbach, ein dünner Eichenstamm

lag darüber. Grabbe hielt den Atem an und ging vorwärts, schwankte, breitete die Arme aus und kam hinüber. Er lachte. „Mein Herz ist grün vor Wald", sagte er in die Stille, und: „Ich habe zu lange wenig Sonne genossen." Er stieg höher, über die Sternschanze hinaus. ‚All das Grün, alle Täler, das volle Volk der Bäume soll hinein in das neue Stück, soll darin rauschen und sich bewegen. Und alle diese Dickköppe, Knorze und breitspurigen Roßtäuscher und Bauern, mit ihrer gerissenen Dummheit, ihrer Fleischeslust, ihrem breiten Arsch, den sie der Kultur, den Römern entgegenhalten; samt ihrer Hinterlist und ihrem Todesmut, mit dem sie bullenstark und ochsenstur in den Sieg gehen und ins Verrecken. Ich will die ganze mörderische Schlacht im Teutoburger Wald, die zwanzigtausend Leichen, hier aus der Erde reißen – und am Schluß ins alternde Rom gehen, zum Kaiser Augustus, und dann dem Stern folgen nach Bethlehem, mit den drei Königen aus Äthiopien, Arabien und Indien, das Schilf des Jordans flüstern lassen und an die Krippe treten. Jesus Christus – und immer auch, gleichzeitig, ein Augustus, Tiberius, Pontius Pilatus, ein blutdürstiger Herodes! So stampft die Geschichte Liebe und Mord aus unserer rollenden Erde – und hier, auf den Bergeshöhen um Detmold, soll diesmal das tragische Menschenspiel seinen Anfang nehmen.'
Grabbe blieb stehen. Am Ende eines Holzwegs, einen Kahlschlag vor sich, schloß er die Augen und lauschte auf das Murmeln, das Singen, das Rauschen, mit dem der Wind in die Bäume am Waldrand fuhr. Er sprach und verwarf Szenen aus seinem Stück; suchte andere und fand sie, ging auf und ab zwischen den Stubben und trat dawider. Grabbe fluchte, lachte, machte die Augen wieder auf und schwankte mit seinem schlotternden Gang auf der kahlen Lichtung hin und her.

Im Rückspiegel:
Erinnerungen an Detmold

... vielleicht sehen wir uns in Detmold wieder?! Und dann streifen wir in den Wäldern herum.

(Fritz von Unruh)

Mehr Dreck als Häuser

Albert Lortzing

Detmold ist eine schöne Stadt,
die weit mehr Dreck als Häuser hat.

Dessenohngeachtet taucht aus diesen rauschenden Vergnügungen oft mein liebes Detmold mit manchen mir treuen Bekannten auf. Meine Sehnsucht dahin, besonders da der Frühling herannaht und mir die herrliche Gegend vor Augen schwebt, ist unbeschreiblich, und steigert sich diese Sehnsucht, wenn ich die Environs von Leipzig in Augenschein nehme, die höchst klaterig sind.

Detmold

Malwida von Meysenbug

Dem Wanderleben mußte endlich ein Ziel gesetzt werden. Man mußte einen Ort erwählen, um sich niederzulassen. Dies konnte jedoch nur geschehen, indem wir uns zeitweise wenigstens von unserem Vater trennten, der den Fürsten nicht verlassen konnte, der nie lange an

einem Ort weilte. Meine Mutter entschied sich für die Stadt, wo meine älteste verheiratete Schwester lebte — die, die ich in meiner frühesten Kindheit so sehr geliebt hatte. Es war die Stadt Detmold, die Hauptstadt des kleinen Fürstentums Lippe. Mein Vater versprach, von Zeit zu Zeit zu längerem Aufenthalt uns dort zu besuchen. Außerdem versprach er uns fest, daß, wenn alle Söhne in einer unabhängigen Stellung sein würden, er seine Verpflichtung gegen den Fürsten auflösen und sich für immer mit uns vereinigen würde.
Ohne den Schmerz dieser Trennung wäre ich über die Wahl des Aufenthaltes hochbeglückt gewesen. Das Familienleben meiner Schwester war der Widerschein ihrer engelhaften Natur; ihre Kinder glichen ihr an Sanftmut und Liebenswürdigkeit. Die Stadt, wo sie lebte, war eine jener kleinen deutschen Residenzen, die die Hauptstadt eines Ländchens sind, das für einen englischen Aristokraten nur ein mäßiger Grundbesitz sein würde. Es war eine hübsche, reinliche Stadt an einem der malerischsten Punkte des nördlichen Deutschlands gelegen, von Hügeln, mit herrlichen Buchenwäldern bedeckt, umgeben, an die sich historische Erinnerungen ferner Vorzeit knüpften. Mein Schwager war eine der ersten Notabilitäten des Ortes; seine Familie gehörte zu den ältesten der kleinen Aristokratie des Ländchens. Er war von Kindheit auf der Freund und unzertrennliche Gefährte des regierenden Herrn gewesen, und nichts in den öffentlichen Angelegenheiten geschah ohne seinen Rat.
Der Regent des kleines Staates war ein ehrlicher Mann, gut von Herzen, aber etwas beschränkten Verstandes und von einer über alles Maß gehenden Schüchternheit, die die Folge der langen Abhängigkeit war, in der ihn seine Mutter gehalten hatte. Diese, Fürstin Pauline, eine Frau von überlegenem Geist und männlicher Bildung, war nahezu an zwanzig Jahre Regentin gewesen, da ihr Sohn ein kleiner Knabe war, als sein Vater starb. Sie allein unter allen regierenden Häuptern Deutschlands wagte es, dem fremden Eroberer entgegenzugehen, um ihm die Sprache der Vernunft und Menschlichkeit zu reden. War der Gefürchtete erstaunt, daß eine Frau wagte, was die anderen nicht gewagt hatten? Hatte er einen anderen Beweggrund? Genug, er behandelte sie mit Anerkennung und zog vorüber, ohne das kleine Ländchen und seine mutige Regentin zu belästigen.
Sie war eine Freundin der Wissenschaften und der Literatur, berief mehrere ausgezeichnete Männer an ihren Hof und bemühte sich, Aufklärung und Moralität in ihrem kleinen Lande zu verbreiten. An der Spitze eines großen Königreichs würde sie eine Katharina die Zweite gewesen sein, ohne deren Laster. Das einzige, was ihr nicht gelang,

war die Erziehung ihrer beiden Söhne, ihrer einzigen Kinder. Um ihnen die Grundsätze strenger Moralität beizubringen, hatte sie sie dermaßen tyrannisiert und so lange wie Kinder behandelt, daß der älteste, schon scheu und zurückhaltend von Natur, ein halber Wilder geworden war. Der zweite, ein leichtsinniger, ausschweifender Mensch, hatte sich, einmal von der mütterlichen Autorität befreit, einem liederlichen Leben ergeben. Er war im Militärdienst in allen möglichen Ländern gewesen, hatte immer schlechten Betragens wegen den Dienst verlassen müssen, und sein Bruder hatte ihn mehr wie einmal vom Schuldgefängnis losgekauft. Der älteste, nach dem Tod der Mutter zur Regierung gelangt, führte ein wahres Einsiedlerleben. Seine Frau war ein gutes, sanftes Wesen, die sich der gänzlichen Zurückgezogenheit und der strengen Lebensweise ihres Gatten unterwarf. Sie hatten viele Kinder und führten ein exemplarisches Familienleben. Ihr altes Schloß mit hohen Ecktürmen und kleinen Türmchen war von Gärten umgeben, die auf den alten Wällen gepflanzt waren, und diese umschloß ein breiter Graben, auf dem Enten und Schwäne friedlich hausten. Von der öffentlichen Promenade aus konnte man die fürstliche Familie in diesen Gärten spazierengehen sehn, aber niemals setzte ein Mitglied derselben einen Fuß in die Straßen der Stadt. Ein- oder zweimal im Jahr war ein Galadiner auf dem Schloß, zu dem auch die Damen, deren Rang sie zu dieser Ehre berechtigte, eingeladen wurden. An dem Tag, wo dieses große Ereignis stattfand, rollten die Hofwagen in der Stadt umher, um die Damen abzuholen, da die Toiletten sonst zu sehr gelitten hätten, weil es keine geschlossenen Wagen in der Stadt gab und man sonst in Gesellschaften, ja auch auf Bälle, zu Fuß ging. Die Tafeln waren eine harte Aufgabe für den armen Fürsten; er mußte dann an all den Damen, die in einer Linie aufgestellt waren, vorüberdefilieren und einer jeden wenigstens ein paar Worte sagen. Steif wie ein Stück Holz in seine Uniform eingeschnürt, die Lippen zusammengepreßt, stammelte er mit ungeheurer Anstrengung irgendeine Banalität über das Wetter oder über einen anderen ebenso unbedeutenden Gegenstand. Kaum hatte er eine Antwort erhalten, so schob er weiter und schien wie von einem schweren Druck befreit, wenn er glücklich bei den Herren angelangt war.
Er hatte bei alledem zwei Leidenschaften, die ihn aus seiner Höhle herauslockten: die Jagd und das Theater.
Die herrlichen Wälder, die die kleine Residenz umgaben, waren voller Wild, dessen einziger legitimer Jäger er war. Im Winter verging fast kein Tag, an dem man nicht zwei oder drei fürstliche Schlitten durch die Straßen der Stadt und über die schneebedeckten Landstraßen flie-

gen sah, die diese Nimrod-Familie in die Wälder entführte, alle zusammen, die Eltern und die Kinder. Sie blieben den ganzen Tag im Walde. Der Fürst und die älteren Söhne jagten; die Fürstin mit den übrigen Kindern, in ihre Pelze eingehüllt, blieben entweder in den Schlitten sitzen oder gingen auf dem Schnee spazieren. Vergebens klagten die Lehrer, daß der Unterricht bei dieser Lebensweise Schaden leide. Die geistige Entwicklung der Kinder wurde dem Familienleben und dem Wildpret geopfert.
Die zweite Leidenschaft des Fürsten, die für das Theater, wurde auf Kosten der Revenuen des kleines Staates befriedigt. Man flüsterte sich wohl zu, daß die Ausgaben unverhältnismäßig groß wären, aber die Landstände, die sich unter der Regentin-Mutter noch regelmäßig versammelt hatten, wurde von dem Sohn nie mehr einberufen. Niemand kontrollierte die Ausgaben. Die Freunde des Fürsten sagten, man könne ihm doch das *eine* Vergnügen lassen, da er übrigens so einfach und moralisch lebte. Auch muß man sagen, daß sein Theater unter die besten in Deutschland gehörte und daß die größten Künstler es nicht verschmähten, Vorstellungen daselbst zu geben. Die besten dramatischen Werke sowie die besten Opern wurden mit einer ziemlich seltenen Vollendung gegeben. Es war demnach natürlich, daß das Theater der Mittelpunkt der Interessen und Gespräche der kleinen Residenz war, und man kann nicht leugnen, daß es zur Quelle einer Art künstlerischer und intellektueller Erziehung wurde, die die Gesellschaft weit über die anderer gleich großer Provinzstädte erhob.
Nach dem Theater gab es noch eine andere Anstalt, die zur Unterhaltung der Gesellschaft diente, an der aber der Fürst keinen Anteil hatte. Dies war eine Art Klub, dem man den französischen Namen „Ressource" gegeben hatte, anstatt ihn einfach Verein oder etwas dergleichen zu nennen. Dort vereinigten sich die Herren der Gesellschaft; die Familienväter, besonders aber die jungen unverheirateten Leute, verbrachten da einen großen Teil des Tages und fast immer die Abende, um Zeitungen zu lesen, Karten und Billard zu spielen, Wein und Bier zu trinken, die Neuigkeiten der großen und kleinen Welt zu besprechen und unglaubliche Massen von Tabakswolken in die Luft zu schikken. Am Sonntagabend war auch den Damen Zutritt gestattet, und dann nahm das Ganze einen anderen Anstrich an. Die Herren erschienen im Frack, die Pfeifen und Zigarren verschwanden, die älteren Herren und Damen spielten Karten, die jungen Leute unterhielten sich mit Gesellschaftsspielen, mit Gespräch und Tanz. Einmal im Monat war großer Ball.
In dieser Weise schufen sich die kleinen deutschen Städte ein geselli-

ges Leben, da es keine großen Vermögen dort gab und die meisten Bewohner Beamte mit Besoldungen waren, die gerade nur für das Notwendigste hinreichten. In solch einem Verein aber konnte ein jeder mittels eines kleinen Beitrages sich mit seinen Bekannten treffen und die Freuden der Geselligkeit genießen, ohne daß es seine Mittel überstieg. Der Ton, der in diesen Vereinen herrschte, war sicher nicht der letzte Ausdruck feiner geselliger Bildung; aber da, wo, wie in dem kleinen Städtchen, von dem ich spreche, ein kleiner Hof, ein gutes Theater, ein treffliches Gymnasium, eine gute Töchterschule und einige Männer von Geist und Verdienst in den Wissenschaften sich vorfanden, herrschte doch eine gewisse Erhebung in den Ideen, die sich den Manieren und dem Ton der Unterhaltung mitteilte.

Wagenrennen in der Senne

Friedrich Franz von Unruh

In der ruhigen Zeit, die dem Weltkrieg vorausging, übten Truppenmanöver auf alle einen mächtigen Reiz, und die Ankündigung einer solchen Attacke, die der Kaiser selbst mitreiten wollte, brachte alt und jung auf die Beine. Wenn das Liedchen auch flunkerte mit der Behauptung, Detmold, die wunderschöne Stadt, besitze nur einen einzigen Soldaten, war die dort stehende Militärmacht doch klein genug, um die Aufregung angesichts einer so nahen und glanzvollen Truppenschaustellung erklärlich zu machen. Eine Fülle von Menschen ergoß sich am festgesetzten Tage zu Rad und Wagen über die Höhen des Teutoburger Waldes in die dem Gebirgsrücken vorgelagerte Ebene, die Senne, hinab. Auch wir fuhren, Vater, Mutter und ein Teil der Geschwister, in einem geräumigen Landauer frohgestimmt in den blanken Septembermorgen. Und es wurde für uns, noch anders, als wir hatten ahnen können, ein großer Tag.
Ich freute mich, auf dem Kutschbock zu thronen, genoß die Fahrt und ließ es mir, als die Bergstrecke kam, nicht nehmen, gleich den Erwachsenen auszusteigen, um die Pferde zu schonen, die nun, ins Geschirr gelegt, zur „Mordkuhle" aufwärts stampften. Trotz der Fürsorge

schnauften die Pferde, besonders das linke, ein falber, magerer Wallach, der beharrlich zurückhing. Wir fragten, ob sich denn kein flinkeres Roß habe finden lassen. Das kränkte den Kutscher. Es sei ein vorzügliches Pferd, ausdauernd und zäh, und werde das schon noch beweisen; in jungen Jahren sei es als Tetenpferd bei der Kavallerie gegangen, was heiße, daß es beim Reitunterricht stets die Spitze der Abteilung gehalten habe. Darauf mühten wir uns, seinen Unmut zu stillen und durch reichliche Zuckerspenden dem Pferd die verloren gegangene Erinnerung an jene flotte Zeit aufzufrischen.

Endlich war das Ziel, die Senne, und die für uns Zuschauer abgegrenzte Stelle erreicht. Es herrschte schon reges Treiben. Viele waren, um rechtzeitig einzutreffen, bei Nacht gefahren und wärmten sich, auf- und niedergehend, in der herbstlichen Sonne. Überall wurden Eßkörbe ausgepackt und von Wagen zu Wagen Besuche gemacht. In der vorderen Reihe hielt auch der Arzt mit seiner Kalesche und kam, sobald er uns sah, herüber. Nachsichtig musterte er die erwartungsvollen Gesichter. Er selber, betonte er, sei nicht des Vergnügens halber gekommen, sondern nur um zur Hand zu sein, falls ein Unfall geschähe. Auch mein Klassenlehrer erschien, und hinter ihm grüßten andere Bekannte. Die Stimmung war ungemein aufgeräumt und wurde nur ab und zu durch Gendarmen gedämpft, die herumritten, das Fortwerfen von Papier und Flaschen monierten und den Wageninsassen befahlen, das arglos Verstreute sorgsam wieder einzusammeln. Auch uns wurde ein Tadel zuteil, weil die Pferde, wie sich herausstellte, um ihre halbe Länge die Absperrungsfront überragten. Ein Sergeant mit dem Messingschild um den Hals beugte sich in den Wagen und sagte, die Hand an den Helmrand hebend: da der Allerhöchste Herr jede Unordnung hasse, dürfe keinerlei Unregelmäßigkeit geduldet werden. Jeden Augenblick sei das Erscheinen Seiner Majestät zu gewärtigen, und wirklich war jetzt eine Reitergruppe, in welcher es silbern und golden blitzte, zu sehen, die auf den Block der Kavallerieregimenter zuritt. Der Block war enttäuschend weit fort, doch mußte er sich ja alsbald in Bewegung setzen, und diesem Ereignis galt unsere einhellige Spannung. Wer ausgestiegen war, kehrte in den Wagen zurück, um von dem erhöhten Standort aus eine bessere Sicht zu haben. Kommandos und Waffengeklirr erschallten, und nach einer Weile, in der eine tiefe Stille über das sonnenbeschienene Feld sank, schmetterte ein Trompetensignal.

Aller Augen waren dorthin gewandt, alle fieberten der Attacke entgegen. Auch der Wallach, auf den ich hinuntersah, hob den Kopf. Zum erstenmal schien der Schläfrige unsrer Landpartie Teilnahme zuzuwenden. Mit langgestrecktem Hals horchte er, und der Himmel mochte wissen, was in ihm vorging. Das Signal war ihm wohl von einst, da er noch ein junges Tier war und selber mit fliegender Mähne in der Attacke rannte, vertraut. Ob er sich entsann und die Jahre, wo er nur als Kutschpferd zu Ausflügen, Hochzeiten, Kindstaufen im Geschirr ging, zusammenschrumpften vor dem hellen Geschmetter — seine Ohren wurden stocksteif, die Hinterhand sackte ab und stemmte sich, merkwürdig breit geworden, vom Boden, die Deichsel krachte, und mit einem Ruck, den ich heut noch zu spüren meine, sauste er wie der Wind, die Absperrung überrennend und den Stallgefährten, ob er wollte, ob nicht, zum Mitlaufen zwingend, dem gellenden Trompetenruf nach. Einen Augenblick sah ich das blasse Gesicht des Arztes vorübergleiten, sah den Lehrer, der aufsprang und von hinten seinen Kutscher zu überwältigen und die Zügel zu fassen suchte, dann verschwammen die Einzelheiten. Ein Schwarm von Wagen bewegte sich und brauste mit zauberhafter Schnelle davon. „Festhalten!" schrie eine Stimme, und das war wohl nötig. Denn wenn auch die Ebene für Pferderennen ein schönes Feld bot, war doch an Wagenrennen niemals gedacht, und die Löcher und Bodenvertiefungen und verharschten Geleise brachten den Landauer, dem diese sportliche Eile fremd war, ins Schlingern.

Wie ein Ball auf und nieder geprellt, klammerte ich mich an das Stänglein, das den Kutschbock umsäumte und mich von der Tiefe trennte. Nur hin und wieder glückte ein Blick über die Schulter zurück. Noch immer waren wir weit voraus. Der Wallach lief wie besessen und keiner hätte seine Eignung als Spitzenpferd mehr bezweifelt. Sooft die Trompete mahnte, wurden die Ohren starr, und mit frischeren Sprüngen begann er noch feuriger auszugreifen, den Wagen, der nurmehr lose im Riemenzeug hing, als lästiges Anhängsel mit sich schleifend. Hinter- und nebenher jagten Gendarmen und suchten uns einzufangen. Aber wir blieben schneller. Bald war ihre Absicht kaum mehr zu erkennen. Wie sie, auf die Mähnen geduckt, die Gesichter gerötet, mit blitzenden Pickelhauben und flatternden Säbeln dahingaloppierten, schienen sie, den nachhastenden Wagen voraus, lustig die tolle Jagd anzuführen.

Von den Reiterbrigaden und des Kaisers Majestät war nichts mehr zu erblicken. Eine riesige Staubwolke hatte sie aufgeschluckt, und die Bläser, die weitertrompeteten, wußten nicht, wie wenig wir der Ermunterung bedurften. Eine jähe Macht riß uns fort, und es war nicht wohl abzusehen, wie ihr Einhalt geschähe. Das aber wurde nachgerade notwendig; denn nun lag eine Stadt im Weg, Lippstadt, wenn ich nicht

irre, und da man ja nicht mit dem gleichen Schwung hineinstürmen konnte, drohte ein bedenklicher Ausgang. Doch sollte der frohe Morgen nicht unfroh enden.
Ein Wanderer, der sich verspätet hatte — denn auch er wollte die Attacke betrachten, ja gerade er, denn er war Kavallerist gewesen, Wachtmeister bei den Husaren, nun aber ein älterer, grauhaariger Mann, kam in seinem Festtagsstaate daher. Er mag sich gewundert haben, als nicht nur die Reiterei, wie erwartet, sondern auch eine rasende Bürgerschaft auf Kutschen und Wagen heranstob. Der Wackere besann sich nicht. Im Nu stand er hemdsärmelig da und warf sich, den Gehrock schwenkend, unserm wilden Gefährt entgegen.
Ich wandte mich ab, um nicht Zeuge eines gräßlichen Vorfalls zu werden, aber als ich auf einen heftigen Stoß hin aufsah, lachte er mich vergnügt vom Rücken des Wallachs an. Wie festgeschraubt saß er da, mit schimmerndem Stehkragen und steifem Hut, und während der von der Deichsel gelöste Gaul stieg und keilte, rief er: das tue gut, wieder ein Pferd zwischen den Schenkeln zu haben. Eine Freude sei das, eine Mordsfreude, beschwichtigte er unsre bleiche Bewunderung und rückte sich auf dem zackelnden Tier die Krawatte zurecht. Danach mochten die anderen Rosse das Rennen für beendet ansehn, denn nun fielen auch sie in Schritt, schnaubend und Dampf ausstoßend, aber langsam beruhigt. Und als sich ergab, daß nirgends und niemandem Schlimmes geschehen und die Staubwolke schirmend zwischen dem Auge des Kaisers und dem Greuel der Bürgerattacke geblieben war, auch die Gendarmen, recht besehen, nur den Wallach hätten vor Gericht laden können, kam man überein, das Ereignis als Spaß zu nehmen.
Wir, als die Urheber der Belustigung, wurden beim Eintritt ins Gasthaus fröhlich begrüßt, und über das Mittagessen hinaus blieb die unfreiwillige Attacke das bevorzugte Thema. Man klopfte mir auf die Schulter und belachte mein Kutschbockgeschaukel. Auch mir erschien es, obwohl ich mich hatte plagen müssen, um nicht über Bord zu gehn, hinterher im vergnüglichsten Licht. Doch mit dem sinkenden Nachmittag fiel mir ein, was die Fröhlichen sichtlich vergaßen, daß uns ja der Rest des Abenteuers, die Rückfahrt mit dem Pferd, noch bevorstand, und wer konnte wissen, ob es nicht wieder der Hafer stäche. Das war auch die Ansicht meiner Geschwister, und die Mutter sagte es schließlich dem Kutscher, der kam und zum Aufbruch mahnte, auf den Kopf zu. Von Hafer, tröstete er, sei gar keine Rede. Zwar habe er den andern Gaul reichlich gefuttert, der Satan aber habe auch nicht ein Korn bekommen.

Leider schien, wie sich bald darauf zeigte, der Satan die Lektion nicht begriffen zu haben. Mit unheilverkündendem Wiehern tänzelte er aus dem Stall. Vom Fasten offenbar nur noch munterer geworden, tat er durch Bocken und Bäumen seine Tatenlust kund und drängte, kaum angeschirrt, mit fanatischem Eifer fort. Es war, als ob das Signal in ihm eine blinde Gewalt geweckt hätte, die, auf keine Weise zu bändigen, auch den Deichselgenossen verführte. Mit Mühe gelang es der Mutter noch einzusteigen, die Schwestern aber mußten schon alle Fixigkeit ihrer jungen Jahre aufbieten, um in den ruckenden, zwischen Pferde- und Kutscherwillen hin- und hergerissenen Wagen hineinzugelangen. Der Vater, der ihnen half, wurde dabei mit fortgerissen, und wir Kinder blieben zurück. Hierauf war die Kunst unseres Lenkers erschöpft. Wie er auch die Zügel anzog und durch Flüche und Strafandrohungen seine Pferde zu schrecken suchte, sie rasten unbekümmert darum in der erprobten Art los.
Augenblicks war das Gefährt um die Ecke und schien schon für immer entschwunden, als es, über das Pflaster rasselnd, von der anderen Seite heran- und an uns jäh Verwaisten vorbeistob. Rasch zog das Schauspiel des emsig die Häuser umkreisenden Wagens Zuschauer an. Immer wieder schoß er heran, sekundenlang mäßigte sich vor dem Wirtshausportal der Galopp, schon hofften wir, Eltern und Heimat so dicht vor Augen, hinein- und davonzukommen, und die Umstehenden hofften es mit – da war er schon wie ein Traum vorüber. Nun aber trat der Wirt, ein fülliger, handfester Mann, heraus, und ob ihn unsere Verlassenheit jammerte oder er auch nicht wußte, was mit uns beginnen – als wieder der Wagen kam, drin der sehnsüchtig nach uns ausspähende Teil der Familie heranflog, griff er sich eins von uns Kindern und warf es, indem er der schnellen Bewegung einem Jäger gleich, der auf flüchtiges Wild zielt, Rechnung trug, mit sicherem Schwung hinein, wo schon hilfsbereite Arme ausgestreckt waren. Dann langte er nach dem nächsten. Auch ich kam, als die Kutsche von neuem anbrauste, hinein und von da auf den Bock. Und nun rannten die Pferde, zunächst noch galopp, den steilen und mit schwindender Sonne dunkler und dunkler werdenden Weg zur Mordkuhle hoch.
So gelangten wir denn nachhaus.

Detmolder Doppelleben

Friedrich Georg Jünger

Ich saß mit meinem Vater in dem Zuge, der uns nach Detmold brachte, in welcher kleinen Residenz ich mich auf das Abitur vorbereiten sollte. Wir sprachen über die Schulen, und er spöttelte über die kahle Dressur, die nach seiner Ansicht in ihnen mehr und mehr überhandnahm. Er verlangte von mir nicht, daß ich ein guter Schüler war und benutzte die Fahrt, um mich davon zu überzeugen, daß alle wirkliche Ausbildung, jedes mit Neigung durchgeführte Lernen außerhalb der Schule liege. Die Theorie, die er mir entwickelte, konnte man eine Theorie des geringsten Aufwandes nennen, denn die Schulen waren für ihn Anstalten, die man nach Art der Zikaden überflattern mußte. Es kam nicht auf die Höhe des Fluges an, sondern darauf, daß das Hindernis tatsächlich genommen wurde. Das alles war nicht pädagogisch, war aber die Art, in der er mir Mut zusprach, wenn der eiserne Mechanismus der Prüfungen mich bedrückte. [...]
Wir kamen an einem Sonnabend in Detmold an, denn ich entsinne mich, daß ich in der Frühe des nächsten Tages die Glocken läuten hörte, als ich erwachte. Gekommen waren wir, um für mich eine Pension in der kleinen Residenz ausfindig zu machen. Sie fand sich rasch bei einem alten Rat, der mit seinen beiden Töchtern, Mädchen in den Dreißig, ein eigenes Haus bewohnte, zu dem auch ein Garten gehörte. Mir gefiel das alles, gefiel auch, daß ich der einzige Pensionär war. So ließ ich denn mein Gepäck da, begleitete meinen Vater an die Bahn und nahm Abschied von ihm. Als ich zurückkehrte, begrüßte mich der Rat in feierlicher Weise als Hausgenossen. Er hielt eine kleine Ansprache an mich, in der er vorbrachte, daß er mich nicht als einen fremden Zahl- und Kostgänger ansehe, sondern als einen Pflegesohn, den er mit allen Rechten und Pflichten eines solchen in die Hausgenossenschaft aufnehme. Er fragte mich, ob ich dieses Verhältnis anerkenne. Ich bejahte es, nicht ohne einiges Erstaunen über die patriarchalische Würde des Aktes, und nun erfolgte die feierliche Bestätigung der Abmachung durch Handschlag. Jetzt erst traten die beiden Mädchen an mich heran, begrüßten mich und baten um die Erlaubnis, mich bei meinem Vornamen zu nennen. Auch mir wurde diese Freiheit zugestanden; ich erfuhr also, daß sie Sophie und Marie hießen. Es folgte die Aushändigung des Hausschlüssels. Endlich wurde Brot und Salz ausgetauscht, indem wir uns zum Essen setzten, das durch ein Tischgebet eingeleitet wurde. [...]

In den Ferien fuhr ich mit der Bahn nach Hause. Ich kam durch die Porta Westfalica, die von der Weser durchflossen wird. Dieser Engpaß des Wesergebirges war für mich die Einfahrt in die Landschaft, die mir vertraut war und die ich liebte. Kam ich aus den Ferien zurück, dann pflegte mich Sophie von der Bahn abzuholen. Sie hatte mich gleichsam adoptiert, und da sie keine Freundin besaß und das Haus nur verließ, um Spaziergänge und kleine Einkäufe zu machen, wurde ihr der Umgang mit mir unentbehrlich. Sie wandte mir den unverbrauchten Schatz ihrer Zärtlichkeit zu, und es betrübt mich heute noch, daß ich für ein solches Geschenk nicht dankbar genug war. [...]
Eine Unruhe, für die ich keinen Namen fand und die ich nicht besänftigen konnte, ergriff mich damals. Bald war die Angst in mir, etwas zu versäumen, das ich doch nicht nennen konnte, bald setzte mir eine tiefe Bangigkeit zu. Meine Tage schienen mir lang und dumpf zu sein, als wäre ich in einen Zwinger eingeschlossen. Die Empfindung hatte etwas Drückendes, das sich bis zur Trauer steigerte, so daß ich wie ein Gefangener aufseufzte.
Ich führte ein Doppelleben, von dem Sophie nichts wußte, da es außerhalb der Hausmauern lag. Die warmen Abende verbrachte ich auf einem Hügel, im Garten einer Wirtschaft am Rande der Stadt. Ich hatte eine Vorliebe für diesen Ort, für seine schönen Kastanienbäume, seine dichten Fliederhecken, seine Lauben und Gänge und seine von Lichtern erfüllten Baumkronen, in denen die Nachtschmetterlinge surrten. Hier traf ich immer einige Mitschüler, und nach und nach bildete sich ein kleiner Kreis, zu dem auch einige Mädchen gehörten, mit denen wir umhertollten. Mir ist, als sähe ich sie noch in ihren hellen Kleidern durch die Jasmin- und Fliederbüsche laufen, die wie ein grünes Labyrinth die Wirtschaft umgaben. Diese kleine Trink- und Spielgesellschaft war keinerlei Regeln unterworfen, die ihre Freiheit einschränkten. Jeder kam und ging nach Belieben, und da wir oft die einzigen Gäste waren, konnten wir soviel Unfug treiben, wie wir wollten. Wir tranken, sangen und spielten oder saßen in den Lauben im Gespräch zusammen. Manchmal streifte ich dann noch allein umher, durch alle Straßen der Stadt, am Schloß vorbei oder im Wald. Wenn ich den Hausschlüssel vergessen hatte, stieg ich über das Birnbaumspalier am Fenster meines Zimmers ein. Einst kam ich von einer solchen kleinen Feier, die schon am Nachmittag stattgefunden hatte, ganz berauscht nach Hause. Ich war still und heiter, dennoch war sonderbar, daß niemand mir etwas anmerkte, da weder Aufmerksamkeit noch Besinnung in mir war. Ich saß wie ein Gast vom Monde am Tisch, den Rat mir gegenüber, Sophie und Marie zur Rechten und zur

Linken, und aß die Speisen, ohne sie auch nur zu schmecken. Alles löste sich vor meinen Augen in Rauch auf, in einem bunten Nebel, der wogend das Zimmer erfüllte. Gleich nach dem Essen ging ich in den Wald, und da es dunkel und ich müde war, legte ich mich unter einen Busch und schlief ein. Ein kratzendes Geräusch weckte mich, und als ich mich umsah, entdeckte ich einen Igel, der dicht vor meinem Gesicht saß. Ich versuchte ihn zu fangen, fiel aber dabei hin und schlief von neuem ein. Mir war, als ob der ganze Wald von einer leisen Musik erfüllt sei, die etwas Melodisches hatte. Sie klang wie ein Mückenkonzert, doch verwunderte mich, daß aus dem eintönigen Summen und Surren der Mücken deutliche Melodien hervorgingen. Wie bezaubernd war diese warme, dunkle Sommernacht. Am nächsten Morgen wachte ich in meinem Bette auf, ohne die leiseste Erinnerung daran, wie ich hineingekommen war.

Von diesen Tollheiten ahnte Sophie nichts, denn sie ging früh zu Bett, und sie schlief schon, wenn ich spät in der Nacht oder am Morgen heimkam. Sie wußte, daß wir nicht mehr lange zusammensein würden, denn mein Vater war einverstanden damit, daß ich im Sommer die Schule verließ und ins Heer eintrat. Nun rückte der Tag des Abschieds unaufhaltsam heran, und sie sah ihm mit Schrecken entgegen. Manchmal, wenn wir zusammensaßen und sie mich stumm betrachtete, traten ihr die Tränen in die Augen. Der Morgen, an dem ich von ihr, Marie und dem Rat auf dem Bahnhof Abschied nahm, war sehr schmerzlich für sie, denn sie war fest überzeugt, mich nie wiederzusehen.

Lose Lippe-Lese

> Lippe wußte, Lippe weiß.
> Lippe schweigt es zu Ende.
>
> (Paul Celan)

Paris — Lippe

Liselotte von der Pfalz

Paris, den 16 Februari, umb ¾ auff 7 morgendts
Hertzallerliebe Louise, [...]
Daß Ihr keine schreiben auß Englandt bekompt, ist nicht wunder, zu sehen, wie abscheüliche windte undt sturm jetzt sein. Einen, so man vor 8 oder 10 tagen hir gehabt, hatt unglaubliche sachen hir ahngestelt; er hatt bley von kirchenthürnen über daß waßer in einem dorff geführt, er hatt zwey große, schwere kirchenthüren auß den angeln gehoben, hatt sie gantz strack hundert schritt davon ahn eine mauer ahngelehnt undt einen hannen von dem kirchthurm de St Germain de Lauxerois gantz zum understen oben gethrehet, er hatt einen baum gespalten, unten zugespitzt, ihn gantz gerath so dieff 20 schrit in die erde gesteckt, alß wen er drin gepflantzt were. Wen daß in der graffschafft Lipp geschehen were, hette man es vor hexenwerck gehalten; aber zu Paris glaubt man ahn keine hexen undt brendt sie nicht; ich habe auch keinen glauben dran.

An die Nymphe zu Meinberg

Gottfried August Bürger

Preis, Nymphe, dir! Dein Kraftquell siegt oft,
Wann Außenglut den derben Bau umlodert.
Doch tröste Gott den Hausherrn, der noch hofft,
Sobald der Kern in Schwell' und Ständer modert.

Hier lasset uns Hütten bauen

Emanuel Geibel

Von Pyrmont ging die Fahrt über einen Berg nach Blomberg, und endlich etwa halb ein Uhr mittags langte ich frisch und vergnügt in Detmold an. [...]
Im Vordergrunde des Tales breitete sich zwischen Gärten und Baumgängen die Stadt aus mit ihren reinlich hellen Häusern und bunten Dächern, aus denen das altertümliche Schloß, die Kirche und das hochschlank gesäulte Theater hervorragten, weiterhin dehnten sich Felder und Wald, überall mit weißen Gartenhäuschen durchmischt, dann stiegen, größtenteils mit Laubholz bewachsen, die lippischen Bergrücken langsam auf, hinter welchen sich endlich im blauen Dunste die preußischen Gebirge erhoben. Über der ganzen Landschaft aber lag der Himmel blau und klar, und die Nachmittagssonne schien so freundlich durch die grünenden Buchen und Birken auf uns herab, daß mir ganz heimatlich zu Sinn wurde, es war mir, als müßte ich sagen: Hier lasset uns Hütten bauen!

Lippe-Detmold ist mein Vaterland

Wilhelm Raabe

Ich lag am Rande des Baches und sann nach über die Geschicke der Völker und Könige und über — meine Liebe. Hinten in der Türkei lagen jene einander in den Haaren und drüben in der kleinen Gartenlaube saß mein Schatz und schmollte. Ah!
Lippe-Detmold ist mein Vaterland — was geht mich die orientalische Frage an und der General Sabalkanskoi und die Schlacht bei Navarino?!

Engagement in Detmold

Arthur Schnitzler

Im Herbst trat Kläre ihr erstes Engagement in Detmold an. Der Freiherr von Leisenbohg — damals noch Ministerialbeamter — benutzte den ersten Weihnachtsurlaub, um Kläre in ihrem neuen Aufenthaltsort zu besuchen. Er wußte, daß der Mediziner Arzt geworden war und im September geheiratet hatte, und wiegte sich in neuer Hoffnung. Aber Kläre, aufrichtig wie immer, teilte dem Freiherrn gleich nach seinem Eintreffen mit, daß sie indessen zu dem Tenor des Hoftheaters zärtliche Beziehungen angeknüpft hätte, und so geschah es, daß Leisenbohg aus Detmold keine andere Erinnerung mitnehmen durfte als die an eine platonische Spazierfahrt durch das Stadtwäldchen und an ein Souper im Theaterrestaurant in Gesellschaft einiger Kollegen und Kolleginnen.
Trotzdem wiederholte er die Reise nach Detmold einige Male, freute sich in kunstsinniger Anhänglichkeit an den beträchtlichen Fortschritten Klärens und hoffte im übrigen auf die nächste Saison, für die der Tenor bereits kontraktlich nach Hamburg verpflichtet war.

Hagenbuch und die Gesunden

Hanns Dieter Hüsch

Hagenbuch
Hat jetzt zugegeben
Daß sich seine Cousine immer
Mitten Im Sommer
Auf der Fahrt mitten in den Harz
Beim Umsteigen auf einem der Bahnsteige
Des Eisenbahnknotenpunktes Langendreer
Habe übergeben müssen
Während
Er selbst
Gleich nach der Ankunft
Mitten im Harz
In der alten Kaiserstadt Goslar
Stickhustenartige Anfälle
Mit unaufhörlichem Keuchen bekommen

Habe also seine Cousine
Die Tochter eines Sparkassenoberinspektors
Schon vorher
Noch auf der Fahrt mitten in den Harz
Immer beim Umsteigen auf einem der Bahnsteige
Des Eisenbahnknotenpunktes Langendreer
Sich übergeben
Und damit ihren Eltern
Und gleichzeitig sich
Und gleichzeitig seinen Eltern
Und ihm selbst
Den Urlaub von vornherein verdorben
So habe er
Hagenbuch
Gleich nach Ankunft mitten im Harz
In der alten Kaiserstadt Goslar
Durch stickhustenartige Anfälle
Mit unaufhörlichem Keuchen
Seinen Eltern
Und gleichzeitig sich
Und gleichzeitig seiner Cousine

Und ihren Eltern
Den Urlaub verdorben
Obwohl es im Haus der Verwandten seiner Cousine
Einer alleinstehenden Schwester des Sparkassenoberinspektors
Und einer weiteren
Mit einem Stadtgärtner verheirateten
Aber schon verwitweten Schwester
Und deren Tochter
Einem Einzelkind namens Agathe
Den besten Schokoladenpudding der Welt
Und die beste Weincreme der Welt
Als Nachtisch gegeben habe
Den er
Hagenbuch
Zu Hause
Also bei seinen Eltern nie bekommen habe
Und den auch seine Eltern
Bei ihren Eltern usw usw
Nie bekommen hätten

Und alle seien sie immer wieder
Nicht nur des Schokoladenpuddings
Und der Weincreme wegen
Sondern auch wegen des vierhundert Meter
Hohen Rammelsberges
Den er
Hagenbuch
Immer habe besteigen wollen
Den er aber aufgrund der schlagartig einsetzenden
Widrigkeiten in der alten Kaiserstadt Goslar
Nie bezwungen habe
Alle seien sie immer wieder
Mit unbändiger Freude und nicht zu beschreibender Ausgelassenheit
In jedem Sommer
Mitten in den Harz gefahren
Um den Herzberger Teich zu sehen
Oder nach Hahnenklee hinaus zu spazieren
Obwohl alle gewußt hätten
Daß sie sich alle gegenseitig den Urlaub verderben
Und nie den Herzberger Teich zu Gesicht bekämen
Und kein Weg sie nach Hahnenklee führe

Weil natürlich
So Hagenbuch
Auch seine Eltern
Und die Eltern seiner Cousine
Einerseits das Erbrechen in Langendreer
Und andererseits die sofort in der alten Kaiserstadt Goslar
Einsetzenden Stickhustenanfälle
Nicht auf die Dauer ertragen und hingenommen hätten
Im Gegenteil
Bald habe sich Elternteil gegen Elternteil gewandt
Und ständiges Erbrechen
Und ständiges Husten und Ersticken
Auf Erziehungsfehler zurückgeführt
Und obwohl gesund
Habe sich Elternteil mit Elternteil
Mitten im Harz
Oft in den Haaren gelegen
Und zwar manchmal so sehr
Daß er
Hagenbuch selbst
Mit seiner Cousine hustend und keuchend
Aus dem Bett
Mitten auf den Flur getreten
Um die zankenden Elternteile zu besänftigen
Angesichts der Aussicht
Doch noch eines Tages nach Hahnenklee
Oder zum Herzberger Teich zu gelangen

Aber schon bei der Abfahrt
Im Jahre darauf
Habe schon jeder gewußt
Daß es schiefgehe

Heute noch
Käme er
Hagenbuch
In die Gegend von Bebra und Kreiensen
Und dann weiter nördlich
Schließe er meist beide Augen
Und denke an Schokoladenpudding und Weincreme

Und daß es wenige Jahre darauf
In der alten Soldatenstadt Detmold
Ebenso schiefgegangen
Hagenbuch
Habe dort gleich nach Ankunft
Schon am ersten Tag
Durch Verzehr eines Omelettes mit Schinken und Speck
Seinem Vater die ganzen drei Wochen restlos verdorben
Und sein Vater
Der ihm täglich aufs neue
Das berühmte Hermannsdenkmal habe zeigen wollen
Immer mit dem Hinweis
Daß in die Nase des Hermann
Ein ganzer Mensch passe
So groß sei der Hermann
Sein Vater habe die ganzen drei Wochen
Allein spazieren müssen
Auf und ab
Von Detmold nach Hiddesen
Und von Hiddesen nach Detmold
Während er
Hagenbuch
Mit einem verdorbenen Darm
In seinem Detmolder Zimmer
So Hagenbuch wörtlich
In seinem Detmolder Zimmer gelegen
Und die Stunden gezählt
Und die Tapete auswendig gelernt
Mitten im Sommer

Ebenso kenne er
Hagenbuch
Ein ähnliches Zimmer mitten in Thüringen
Unweit von Gotha
Ein Zimmer mit Vollpension
Sechs Mark und fünfunddreißig
In dem er sich gleich nach Ankunft
Gewissermaßen gleich nach dem ersten Betreten
Ins Bett gelegt
Mit vergiftetem Magen
Mitten im Sommer

In Tabarz
In der Nähe von Friedrichroda
Wo andere immerzu Ausflüge machen
Immerzu wandern klettern singen und springen
Habe er
Hagenbuch
In seinem Thüringer Zimmer gelegen
Und um Wasser gebeten

Und er habe seinem Vater die Ferien
Zur Hölle gemacht
Weil sein Vater ihm nur erlaubt
Abgekochtes Wasser zu trinken
Er aber habe nur kaltes Wasser gewollt
Und sein Vater habe dann Wasser abgekocht
Und es habe volle zwei Tage gedauert
Bis das abgekochte Wasser so kalt gewesen
Daß es wie kaltes Wasser geschmeckt
Aber es habe so abscheulich geschmeckt
Daß er
Hagenbuch
Es nicht getrunken habe
Mitten in Thüringen
Unweit von Gotha

Und am Bodensee
Habe er später allen die Ferien verdorben
Durch einen durch und durch faulen und morschen Weisheitszahn
Der so faul und so morsch gewesen
Daß ihn der Arzt kaum habe ziehen können
Und der Arzt habe ihm
Hagenbuch
Ständig Vorhaltungen gemacht
Und durch die ganze Stadt nach Penicillin gerufen
Und er
Hagenbuch
Habe dem Arzt in der Zwischenzeit
Die Geschichte von seiner Cousine auf der Fahrt
Mitten in den Harz erzählt
Vom Eisenbahnknotenpunkt Langendreer
Und von seinen

Hagenbuchs schlagartig einsetzenden Widrigkeiten
In der alten Kaiserstadt Goslar
Und der Weisheitszahn wäre so faul und so morsch gewesen
Daß er
Hagenbuch
Dem Meersburger Zahnarzt alle Arbeit verdorben
So daß er
Hagenbuch
Noch Tage danach
Als der Zahn längst entfernt
In seinem Meersburger Zimmer gelegen
Mit Flechte und Aussatz
Aufgrund der Tabletten
Mitten im Sommer

Und er
Hagenbuch
Wisse noch hundert weitere Zimmer
In denen er
Mitten im Sommer gelegen
Und allen alles verdorben
Und er bewundere die
Die sich von Körnern ernähren
Von Körnern und Säften
Nie krank und hinfällig werden
Nie von innen nach außen
Oder von außen nach innen
Sich was zufügen
Nie anderen dadurch alles verderben
Keinem zur Last fallen
Er wolle gern auch so sein
Aber er schaffe es nicht
Er falle zur Last
Mitten im Sommer
Falle er
Hagenbuch
Mitten unter die Gesunden

Bio-bibliographische Anmerkungen

Kurt Bartsch, geb. 1937 (Berlin); Gelegenheitsarbeiter in verschiedenen Berufen, Literaturstudium in Leipzig (nicht beendet), 1976 Unterzeichner der Petition gegen Wolf Biermanns Ausbürgerung, 1979 Ausschluß aus dem Schriftstellerverband der DDR, 1980 Wechsel von Ost- nach Westberlin; veröffentlichte Prosa, Lyrik, Parodien, Stücke und Sprüche.
Das Gedicht „Hermann der Cherusker" aus dem Band „Weihnacht ist und Wotan reitet. Märchenhafte Gedichte", Berlin 1985, drucken wir mit freundlicher Genehmigung des Rotbuch Verlages Berlin. (c) 1985 Rotbuch Verlag Berlin.

Volker Braun, geb. 1939 (Dresden); nach dem Abitur vergebliches Bemühen um einen Studienplatz, Druckereiarbeiter in Dresden, Tiefbauarbeiter im Kombinat „Schwarze Pumpe", Maschinistenausbildung, 1960—1964 Philosophiestudium in Leipzig, seit 1965 in Berlin, 1965/66 Dramaturg am Berliner Ensemble, seit 1972 Mitarbeiter am Deutschen Theater Berlin; Lyriker, Dramatiker, Erzähler; diverse Preise, u. a. Heinrich-Heine-Preis und Heinrich-Mann-Preis in der DDR.
Das Gedicht „Der Teutoburger Wald" entnahmen wir dem Band „Gedichte", Frankfurt/M. 1979, mit freundlicher Genehmigung des Suhrkamp Verlages.
(c) Suhrkamp Verlag, Frankfurt am Main 1979. Zuvor erschien es beim Mitteldeutschen Verlag Halle (Saale), DDR, in dem Band „Training des aufrechten Gangs".

Gottfried August Bürger, geb. 1747 (Molmerswende), gest. 1794 (Göttingen); vor allem bekannt durch seine erweiterte Nachdichtung des „Münchhausen" (1786), dazu durch seine Balladen, v. a. die „Lenore" (1774), weniger als politischer Dichter; lockerer Kontakt zum Göttinger Hain, starb verarmt und vergessen in Göttingen.
Das Gedicht „An die Nymphe zu Meinberg", wo Bürger als Kurgast weilte, aus: Bürgers Gedichte, Erster Teil: Gedichte 1789, Berlin, Leipzig, Wien, Stuttgart 1909.
Bürgers Kur scheint hingegen wenig erfolgreich gewesen zu sein, denn am 4. 9. 1785 schreibt er in einem Brief an seinen Verleger Dieterich: „Ich kam fast kränker von Meinberg und Pyrmont zurück, als ich hinreiste und hätte diesen kostbaren Versuch gesund zu werden füglich sparen können. Erst seit etwa 8 Tagen scheint es mit mir durch den ernsthaftesten Gebrauch anderer und wirksamerer Mittel auf einen besseren Fuß zu kommen und ich darf hoffen, bald wenigstens in leidlicher Gesundheit wieder zurückzukehren."

Ferdinand Freiligrath, geb. 1810 (Detmold), gest. 1876 (Cannstatt); bis 1825 in Detmold, danach in Soest und Amsterdam (kaufmännische und erste literarische Tätigkeiten), in jener Zeit entstand auch das Gedicht „Auf Grabbes Tod": Am 12. 9. 1836 war Grabbe gestorben, Freiligrath hatte davon beim Besuch eines preußischen Manöverlagers erfahren; 1839 Westfalenreise, dabei Kontakt zu Levin Schücking, mit dem er 1841 das Buch „Das malerische und romantische Westfalen" herausgab, aus dem hier Textauszüge zitiert werden; wechselnde Wohnorte, 1844 Hinwendung zu einer sozialkritischen Haltung, 1845 Flucht in die Schweiz und nach London, Aufenthalte in Holland und Köln, 1851—68 erneutes Exil in London. In dieser Zeit schreibt Freiligrath an Georg Weerth (1860): „Ja, ich fühle,

daß ich noch immer zu Euch gehöre, wie lange und wie weit ich auch von Euch verschlagen bin! Eure Berge sind die meinigen, Eure Buchen und Eichen sind die meinigen —, und treue, längst versunkene Gräber habe ich auch bei Euch. Grüß mir die Werre und Berlebecke, lieber Weerth! Heimatlos wie ich bin (unsern Kindern ist England eine Heimat, mir und meiner Frau nicht!), hange ich doppelt innig an der ersten Heimat, an der Heimat meiner frohen, glücklichen Knabenjahre!" 1868 kehrt er nach Deutschland zurück, 1869 Wiedersehen mit Detmold; lebte bis zu seinem Tod in Bad Cannstatt.
Bekannt v. a. als Verfasser politischer und exotischer Lyrik, einer der wichtigsten Vertreter der „48er" in der Literatur.

Emanuel Geibel, geb. 1815 (Lübeck), gest. 1884 (Lübeck); Student der Theologie und Philologie in Bonn und Berlin, 1852 nach einem Ruf Maximilians II. von Bayern nach München, Gründer des Münchner Dichterkreises, ab 1869 wieder in Lübeck; spätromantischer und klassizistischer Lyriker (von so bekannten Gedichten wie z. B. „Der Mai ist gekommen"). Sein Bericht über Detmold entstammt dem Band „Emanuel Geibels Jugendbriefe", Berlin 1909, in dem er auch Schloß Lopshorn und das Sennergestüt beschreibt.

Johann Wolfgang von Goethe, geb. 1749 (Frankfurt), gest. 1832 (Weimar); Geheimrat, Gelehrter, Reisender, Klassiker, Verfasser so bekannter Werke wie „Faust", „Die Leiden des jungen Werther" u. v. a.; außer durch seine zitierte Erwähnung der Externsteine in „Kunst und Alterthum", Bd. 5, Stuttgart 1824, geht Goethe noch an anderer Stelle auf Lippe ein: In den „Tag- und Jahrheften" findet sich eine Stelle über Lügde.
Auch auf lippische Persönlichkeiten nimmt Goethe Bezug: Im Briefwechsel mit Reinhard wird häufig die Fürstin Pauline erwähnt, die sich sehr für Goethes Farbenlehre interessierte. Hingegen lag er mit dem 1793 in Detmold geborenen Lehrer und Pfarrer Johann Friedrich Pustkuchen im Streit. Dieser hatte eine anonyme Parodie auf „Wilhelm Meisters Wanderjahre" verfaßt, worauf Goethe in den „Zahmen Xenien" mit dem Ausdruck „Pusten, grobes deutsches Wort" reagierte. Des weiteren s. unter Reinhard und der Anmerkung zu Reinhards zweitem Brief an Goethe.

Christian Dietrich Grabbe, geb. 1801 (Detmold), gest. 1836 (Detmold); Sohn des Detmolder Zuchthausverwalters, 1827 Militärauditor in Detmold, Aufenthalte in Leipzig, Berlin (Kontakt zu Heine) und in Düsseldorf bei Karl Immermann. Die Versuche, sich als Dichter und Schauspieler durchzusetzen, scheiterten. 1836 Rückkehr nach Detmold, wo er seinen letzten Sommer verbrachte (s. Valentin). Zu Lebzeiten wurde nur ein Stück aufgeführt („Don Juan und Faust", 1829 in Detmold), heute gilt er neben Büchner als wichtigster Dramatiker des Realismus und in dem von ihm gehaßten Detmold als größter Sohn der Stadt. Grabbes Verhältnis zu Detmold illustriert seine „Korrespondenz über die Detmolder Ressource" (aus: Rheinisch-Westphälisches Korrespondenzblatt 1828), aus dem wir einen Auszug bringen.
Werke: „Don Juan und Faust", „Hannibal", „Napoleon oder die hundert Tage", sein erfolgreichstes Stück „Scherz, Satire, Ironie und tiefere Bedeutung", sowie sein letztes Stück „Die Hermannsschlacht", aus dem wir einen Auszug wählten.

Jacob Grimm, geb. 1785 (Kassel), gest. 1863 (Berlin), Wilhelm Grimm, geb. 1786 (Kassel), gest. 1859 (Berlin); bekannt durch die „Kinder- und Hausmärchen" (1812—1815), v. a. aber wissenschaftliche Tätigkeit: Begründung der deutschen Philologie und Altertumswissenschaft, als Professoren in Göttingen gehörten sie 1837 zu den Göttinger Sieben; Begründung des „Deutschen Wörterbuchs"; Jacob Grimm publizierte die „Deutsche Grammatik" (1829—37) und die „Deutsche Mythologie" (1835), Wilhelm Grimm „Die Deutschen Heldensagen" (1829); gemeinsam gaben sie 1816—18 die „Deutschen Sagen" heraus, darunter auch die Sage vom Köterberg, zu der sie vermerkten, daß sie „mündlich von einem darauf hütenden Schäfer" erzählt worden sei.

In einem Brief an Joseph Görres berichtet Wilhelm Grimm 1813 von der Entstehung der Sage: „Ich war im vorigen Monat ein wenig im Paderbornschen und Corveyschen, wo schöne Gegenden, hohe Berge und alte Erinnerungen sind. Ich habe da für unsere Märchen und Volkssagen gesammelt. Jene Sage vom Kaiser Rotbart mit seinen Reichtümern besitzt fast jeder große Berg, und ein Hirt hat sie mir auf der Spitze des alten Köterberges wieder gut und eigentümlich erzählt; auch alte Hünensagen gibt's da noch, wie sie sich von ihren meilenweit auseinander stehenden Burgen ihre Hämmer zugeworfen haben."

Vier Jahre später bemerkt Wilhelm Grimm in einem Brief an Achim von Arnim, in dem er eine Fahrt zu den Externsteinen „am Teutoberg im Lippischen" beschreibt: „Das kleine lippische Ländchen zeichnet sich sehr aus. Überall zeigt sich Ordnung, Wohlstand und vergnügtes Wesen. Es muß recht gut regiert werden; auch soll die Not des Winters durch frühe Vorsorge hier ganz abgewendet worden sein."

Heinrich Heine, geb. 1797 (Düsseldorf), gest. 1856 (Paris); Studien in Bonn, Göttingen und Berlin, wo er Grabbe kennenlernte. Von 1831 bis zu seinem Tod in Paris. Hauptvertreter des „Jungen Deutschland", Feuilletonist, Reiseschriftsteller („Die Harzreise"), v. a. als Lyriker bekannt. „Der klassische Morast" ist das Caput XI aus „Deutschland. Ein Wintermärchen" (1844).

Peter Hille, geb. 1854 (Erwitzen b. Bad Driburg), gest. 1904 (Berlin); geboren am Tag der Hermannsschlacht, wie er gern feststellte. Verschiedene Versuche, im bürgerlichen Leben Fuß zu fassen (u. a. Studium, Arbeit als Behördenschreiber u. Journalist) scheiterten, unstetes Wanderleben (u. a. Münster, Leipzig, England, als Schauspieler in Holland, Bad Pyrmont, Hamm, Italien, Schweiz, schließlich Berlin), in Berlin Image als Prototyp des „Bohemien" (Titel eines Hille-Bildes von Lovis Corinth), Freundschaft mit Else Lasker-Schüler (die ein Peter-Hille-Buch herausgab); schrieb Lyrik, Aphorismen und Romane, u. a. „Die Sozialisten" (1886) und die erst 1905 erschienene „Hassenburg", die in Lippe angesiedelt ist. Außer den Passagen über Schwalenberg und das als Willebasen bezeichnete Wilbasen bei Blomberg enthält der Roman Schilderungen der Externsteine und des Hermannsdenkmals. Die Auszüge aus der „Hassenburg" erscheinen nach den von Friedrich Kienecker herausgegebenen Gesammelten Werken, Band 3, Essen 1985, mit freundlicher Genehmigung des Wingen-Verlages.

Ricarda Huch, geb. 1864 (Braunschweig), gest. 1947 (Schönberg i. Taunus); promovierte als eine der ersten deutschen Studentinnen (wenn auch in Zürich), Lehrerin in Bremen, Schriftstellerin in Italien, München, Braunschweig, Berlin, Freiburg i. Br. und Jena; Autorin mit neuromantischer, später protestantisch geprägter Grundstimmung, 1933 Austritt aus der preußischen Akademie der Künste als Protest gegen den Nationalsozialismus; sie schrieb Dramen, Lyrik, Erzählungen, Romane, kulturgeschichtliche und historische Werke („Der dreißigjährige Krieg").
Der Essay „Lemgo" stammt aus dem Werk „Im alten Reich. Lebensbilder deutscher Städte" (1927−28) und erscheint hier leicht gekürzt nach Band 8 der Gesammelten Werke, hrsg. von Wilhelm Emrich, Köln 1967, Verlag Kiepenheuer und Witsch.

Hanns Dieter Hüsch, geb. 1925 (Moers); studierte Medizin, Literaturgeschichte und Theaterwissenschaft in Gießen und Mainz, seit 1947 Kabarettist, zahlreiche Tourneen, Auszeichnungen, Auftritte in Rundfunk und Fernsehen, Schallplatten und Bücher, u. a. „Das schwarze Schaf vom Niederrhein" und „Der Fall Hagenbuch", dem die Episode „Hagenbuch und die Gesunden" entnommen ist. Mit freundlicher Genehmigung des Verlags Rogner und Bernhard. (c) 1983 by R. & B. Satire bei Zweitausendeins.

Karl Leberecht Immermann, geb. 1796 (Magdeburg), gest. 1840 (Düsseldorf); Sohn eines Beamten, 1813−1817 Jurastudium in Halle, unterbrochen von der Teilnahme an den Befreiungskriegen (1815), Beginn der literarischen Arbeit während seiner Zeit als Auditeur in Münster, ab 1827 Landgerichtsrat in Düsseldorf, daselbst 1834−1838 Leiter des Stadttheaters als am klassischen Weimar orientierter Musterbühne, die an Geldmangel scheiterte; seit 1822 Verbindung zu Heine, freundschaftlicher Förderer des von ihm hochgeschätzten Grabbe, den er 1834 nach Düsseldorf holte, von wo Grabbe 1836 nach Detmold zurückkehrte.
Werke: „Reisejournal" (1833), der zeitkritische Roman „Die Epigonen" (1836), der historische Roman „Münchhausen" (1838/9), das Drama „Merlin" (1832) sowie die „Memorabilien" (1840−43), die umfangreiche Erinnerungen an Grabbe enthalten. Die Schilderung des Besuchs bei Grabbe findet sich im „Reisejournal".

Friedrich Georg Jünger, geb. 1898 (Hannover), gest. 1977 (Überlingen); Jugend in Hannover, im Erzgebirge und am Steinhuder Meer, ab 1926 freier Schriftsteller in Berlin, ab 1936 in Überlingen am Bodensee, Beziehungen zum Widerstandskreis um Ernst Niekisch, Bruder von Ernst Jünger; Essayist, Erzähler und v. a. Lyriker. In Detmold besuchte Jünger für kurze Zeit das Gymnasium Leopoldinum. Über diese Zeit berichtet er in seinen Erinnerungen „Grüne Zweige" (1951), denen unser Auszug mit freundlicher Genehmigung des Verlags Klett-Cotta entnommen ist. (c) 1978 Klett-Cotta Verlag, Stuttgart.

Engelbert Kaempfer, geb. 1651 (Lemgo), gest. 1716 (Lemgo); Forschungsreisender, reiste zehn Jahre lang durch Asien, v. a. als erster Forscher nach Japan, Verfasser von Reisebeschreibungen: „Amoenitates exoticae" (Wunder des Auslands, 1712).
1694 kehrte er als Leibmedikus auf den Steinhof nach Lieme bei Lemgo zurück. Wie der Weitgereiste seine Heimat sah, zeigt der hier zitierte Briefentwurf an Da-

niel Parve, der nach Kaempfers Rückkehr entstand. Wir entnahmen ihn Karl Meier-Lemgos Buch „Engelbert Kaempfer erforscht das seltsame Asien", Hamburg 1966, mit freundlicher Genehmigung des Verlages Cram, de Gruyter. Meier-Lemgo gab 1968 auch „Die Reisetagebücher Engelbert Kaempfers" heraus.

Liselotte von der Pfalz, eigentlich Herzogin Elisabeth Charlotte von Orléans, geb. 1652 (Heidelberg), gest. 1722 (Paris); wurde als Neunzehnjährige an Herzog Philipp I. von Orléans, den Bruder Ludwigs XIV. verheiratet. Seither lebte und litt sie am Pariser Hof, dessen Leben sie in unzähligen Briefen schilderte. Einem der ca. 5000 erhaltenen Briefe entstammt der meteorologisch motivierte Seitenhieb auf die berühmt-berüchtigten lippischen Hexenverfolgungen.

Hermann Löns, geb. 1866 (Kulm, Westpreußen), gest. 1914 (bei Reims gefallen); Schüler in Münster, Student der Medizin und Naturwissenschaften in Münster, Greifswald und Göttingen, 1893–1909 Redakteur in Hannover und Bückeburg, ab 1912 freier Schriftsteller in Hannover, begraben bei Tietlingen in der Lüneburger Heide, die im Mittelpunkt seines Werkes steht. Löns schrieb des weiteren Tier-, Jagd- und Wandergeschichten sehr nationaler und idyllischer Tönung. Auch unser Text „Frau Einsamkeit", den wir Band 2 der von Friedrich Capelle herausgegebenen „Sämtlichen Werke in 8 Bänden", Leipzig 1928, entnahmen, ist von Löns' typischem geschnörkelten Stil geprägt. Man vergleiche des Heidedichters verklärende Senneschilderung mit der Georg Weerths.

Albert Lortzing, geb. 1801 (Berlin), gest. 1851 (Berlin); Komponist. Schon in jungen Jahren als Begleiter seiner Eltern Schauspieler und Sänger, Engagements in Köln, Aachen und 1826–1833 unter dem Direktor Pichler auch in Detmold. Im mit der Detmolder Bühne verbundenen Münster brachte er 1828 seine erste Oper „Ali Pascha" heraus. Weitere Engagements in Leipzig, Wien und Berlin; Werke u. a.: „Zar und Zimmermann" (1837), „Der Wildschütz" (1842) und „Undine" (1845).
Welche Erinnerungen an Detmold Lortzing geblieben sind, zeigt sein um 1840 geschriebener Brief.

Malwida von Meysenbug, geb. 1816 (Kassel), gest. 1903 (Rom); eine der interessantesten und emanzipiertesten Frauen des 19. Jahrhunderts, Tochter eines hessischen Ministers, nach vielen Reisen 1832 bis 1850 in Detmold, Freundschaft mit dem Detmolder Pfarrer Theodor Althaus, über ihn Zugang zu den Idealen der 1848er Revolution, 1850 an der liberal geprägten Hamburger Frauenhochschule, 1852–59 als Erzieherin und Hauslehrerin in London, Kontakt zu liberalen Exilanten (u. a. Garibaldi, Mazzini und Freiligrath), ab 1859 Wohnsitze in England, Frankreich und Italien, Freundschaften mit Berlioz, Baudelaire, Doré, Wagner, Liszt, Nietzsche, Romain Rolland u. a.; Journalistin; Bücher u. a. „Stimmungsbilder", „Individualitäten", v. a. aber die vielbeachteten „Memoiren einer Idealistin", die 1869 anonym auf französisch erschienen, 1876 erste vollständige deutsche Ausgabe. Wir zitieren aus dem darin enthaltenen längeren Kapitel über Detmold.

Ernst Elias Niebergall, geb. 1815 (Darmstadt), gest. 1843 (Darmstadt); studierte Theologie in Gießen, Hauslehrer in Dieburg, Lehrer in Darmstadt, Autor von Zeitungsfortsetzungsgeschichten, modischen Prosaerzählungen und Mundartlustspielen: „Des Burschen Heimkehr" (1837) und v. a. der 1841 anonym erschienene „Datterich". Diesem Hauptwerk der biedermeierlichen Dialektdichtung ist der Disput über das Hermannsdenkmal und das Für und Wider „von dene Monemente" an und für sich entnommen, und zwar der zweiten Szene des zweiten Bildes.

Wilhelm Raabe, geb. 1831 (Eschershausen b. Holzminden), gest. 1910 (Braunschweig); nach Buchhandelslehre und Berliner Philosophiestudium freier Schriftsteller in Braunschweig; dort fast vergessen gestorben, gilt er heute als ein Hauptvertreter des poetischen Realismus. Werke u. a.: „Die Akten des Vogelsangs", „Stopfkuchen", „Der Hungerpastor" und v. a. „Die Chronik der Sperlingsgasse", in der der Student Raabe 1857 die Geschichte eines alten Mannes beschrieb. In diesem Hauptwerk finden sich das zitierte lippische Bekenntnis und die Suche nach der deutschen Größe. Verweise auf Lippe und v. a. die Weserlandschaft finden sich noch in weiteren Werken Raabes, so z. B. in der Erzählung „Aus dem Leben des Schulmeisterleins Michel Haas".

Karl Friedrich Reinhard, geb. 1761 (Schorndorf), gest. 1837 (Paris); evangelischer Theologe, Diplomat, Student in Tübingen, Hauslehrer in der Schweiz und in Bordeaux, Übersiedlung nach Paris, 1792—1832 Diplomat in verschiedenen Diensten, lernte 1807 in Karlsbad Goethe kennen, mit dem er bis zu dessen Tod 1832 korrespondierte; aus diesem Briefwechsel entnahmen wir die beiden, Lippe betreffenden Briefe. Auch in weiteren Briefen erwähnt Reinhard die Fürstin Pauline, zu der er freundschaftliche Kontakte pflegte. S. a. unter Goethe und der Anmerkung zu Reinhards zweitem Brief.

Albrecht Schaeffer, geb. 1885 (Elbing), gest. 1950 (München); Kindheit und Jugend in Hannover, 1919—1939 in Neubeuern und Rinsting, 1939 Emigration in die USA, kurz nach der Rückkehr nach Deutschland gestorben; Übersetzer, Essayist, Erzähler, Dramatiker, Lyriker mit oft mythologischen und historischen Themen. So auch in dem 1933 zunächst unter dem Titel „Der Roßkamm von Lemgo" erschienenen Roman „Janna du Coeur", der zum Großteil im Lemgo nach dem Dreißigjährigen Krieg spielt und eine abenteuerliche Liebesgeschichte beschreibt.

Joseph Victor von Scheffel, geb. 1826 (Karlsruhe), gest. 1886 (Karlsruhe); studierte Jura in München, Berlin und Heidelberg, 1852 Rückkehr nach Karlsruhe, Austritt aus dem Staatsdienst, nach Wanderjahren 1864 wieder in Karlsruhe; seinerzeit viel gelesener Lyriker und Erzähler, 1876 geadelt; Werke u. a. „Der Trompeter von Säckingen" (1876) und „Gaudeamus" (1868). Um 1847/48 entstand das unter Umständen von Heine beeinflußte Kommerslied „Als die Römer frech geworden", ein mit nationalen Untertönen abgefaßter parodistischer Evergreen, mit eingängiger Vertonung und kongenialer plattdeutscher Nachdichtung.

Reinhold Schneider, geb. 1903 (Baden-Baden), gest. 1958 (Freiburg i. Br.); kaufmännische Ausbildung in Dresden, Portugalreise 1928 bringt den literarischen Durchbruch, bis 1938 in Berlin und Potsdam, danach in Freiburg, während des Krieges illegale Verbreitung seiner Schriften, 1956 Friedenspreis des deutschen Buchhandels; schrieb Essays, Dramen, historische Erzählungen und theologische

Schriften. Der Essay „Detmold" aus dem Band „Schicksal und Landschaft" (1960), erscheint hier nach Band 7 der von Edwin Maria Landam herausgegebenen Gesammelten Werke, Frankfurt 1980, mit freundlicher Genehmigung des Insel Verlags. (c) Insel Verlag, Frankfurt am Main 1980. Neben diesem Essay, der als exemplarisches Dokument der nationalistischen Stilisierung von Hermannsdenkmal und lippischer Landschaft gelten kann, erscheint Lippe als Hintergrund in dem Roman „Der Tröster" (1934), in dem Schneider den Aufenthalt des Barockdichters Friedrich von Spee im Kloster Falkenhagen beschreibt, wo sich Spee von einem Anschlag erholt hat.

Arthur Schnitzler, geb. 1862 (Wien), gest. 1931 (Wien); Medizinstudent und praktischer Arzt in Wien, später dort freier Schriftsteller, als Erzähler ein Hauptvertreter des Wiener Impressionismus, „entdeckte" die Psychologie für die Literatur, v. a. erfolgreich als vielgespielter Dramatiker; Werke u. a. „Anatol", „Reigen", „Liebelei". Das „Engagement in Detmold" findet in der Novelle „Das Schicksal des Freiherrn von Leisenbohg" statt und erscheint hier mit freundlicher Genehmigung des S. Fischer Verlags. (c) 1961 S. Fischer Verlag GmbH, Frankfurt am Main.

Levin Schücking, geb. 1814 (Meppen), gest. 1883 (Bad Pyrmont); Kindheit in Klemenswerth, 1829 in Münster, Kontakt zu Annette v. Droste-Hülshoff und 1839 zu Freiligrath, mit dem er 1841 den hier zitierten Band „Das malerische und romantische Westfalen" herausgab; später Bibliothekar in Meersburg, Verfasser von ca. 200 Romanen und Novellen sowie einer Droste-Hülshoff-Biografie.

Tacitus, geb. um 55 (vermutlich Rom), gest. um 120; u. a. römischer Redner, Quästor, Prätor, Konsul und Schriftsteller; in seinen „Annales" schildert er die Varusschlacht des Jahres 9 nach Chr. Obwohl auch diese wichtigste Quelle keinen genauen Aufschluß über den Ort der Schlacht gibt, hat sich, spätestens seit dem Bau des Hermannsdenkmals, das öffentliche Bewußtsein daran gewöhnt, den Teutoburger Wald als Schauplatz anzunehmen. Deshalb darf auch in einer Lippe-Anthologie ein Auszug aus der „Germania", Tacitus' Beschreibung von Land und Leuten Germaniens, gelitten werden.

Friedrich Franz von Unruh, geb. 1893 (Berlin), gest. 1986; 1910—19 Offizier, studierte in Freiburg i. Br. und Heidelberg Philosophie, seit 1924 freier Schriftsteller, Erzähler und Essayist. In seiner Lebensgeschichte „Ehe die Stunde schlug" (1967) berichtet er über seine Schulzeit in Detmold, wo sein Vater, ein Generalleutnant, seinen Lebensabend verbrachte. Neben der hier zitierten Schilderung des Kaisermanövers in der Senne beschreibt er u. a. den lippischen Thronfolgestreit. Der Auszug erscheint mit freundlicher Genehmigung des Hohenstaufen-Verlags, München.

Fritz von Unruh, geb. 1885 (Koblenz), gest. 1970 (Diez b. Bad Ems), Bruder von Friedrich Franz von Unruh; Offizier, wurde unter dem Eindruck des 1. Weltkriegs Pazifist, ging 1932 nach Italien, später nach Frankreich, 1940 Flucht in die USA, 1952 Rückkehr nach Deutschland, 1955 erneute Emigration nach New York, 1956 endgültige Rückkehr; führender expressionistischer Erzähler und Dramatiker, u. a. „Opfergang" (1917), „Offiziere" (1912) und autobiografische Romane: „Der

Sohn des Generals" (1957) und „Im Haus der Prinzen" (1964), in dem Unruh an Hand seiner Erziehung an der Kadettenschule in Plön ein Zeitbild des wilhelminischen Kaiserreichs entwirft und das Leiden der autobiographischen Figur „U 2" als Angriff auf Nationalismus und Militarismus beschreibt. Unser Auszug, der der Schilderung der Weihnachtsferien des Kadetten in Detmold entnommen ist, erscheint mit freundlicher Genehmigung der Haude & Spenerschen Verlagsbuchhandlung, nach Band 12 der Sämtlichen Werke, Berlin 1985. (c) Haude & Spenersche Verlagsbuchhandlung, Berlin 1985.

Thomas Valentin, geb. 1922 (Weilburg a. d. Lahn), gest. 1980 (Lippstadt); studierte Geschichte, Psychologie und Literaturwissenschaft in Gießen und München, Lehrer und freier Schriftsteller („Hölle für Kinder", „Die Unberatenen"). „Grabbes letzter Sommer" (1980) wurde verfilmt und mit dem Adolf-Grimme-Preis in Gold ausgezeichnet. Die Auszüge aus dem Roman erscheinen mit freundlicher Genehmigung des Ullstein Verlages. (c) Ullstein Verlag, Frankfurt/M., Berlin, Wien 1982.

Georg Weerth, geb. 1822 (Detmold), gest. 1856 (Havanna, Kuba); Sohn des Detmolder Generalsuperintendenten Ferdinand Weerth, bis 1836 in Detmold, danach in Wuppertal (Kaufmannslehre), England und Brüssel, Kontakte zu Marx und Engels, kaufmännischer Reisender, auf einer Reise in Havanna gestorben. Verfasser proletarischer und sozialkritischer Werke; exemplarisch für Weerths soziales Engagement ist auch der hier abgedruckte Aufsatz „Die Armen in der Senne" aus dem „Deutschen Bürgerbuch für 1845".

Es war einmal und ist nicht mehr zu sehn
(da ist nicht mal ein Knochen mehr zu sehn)
Herrn Varus Heer im Teutowald —
So kann es sein, daß wir sehr bald vergehn.
— vergehn —
So kann es sein, daß wir sehr bald vergehn.
(Peter Rühmkorf)

Literaturverzeichnis

Bartsch, Kurt: Weihnacht ist und Wotan reitet, Berlin 1985
Braun, Volker: Gedichte, Frankfurt/M. 1979
Bürger, Gottfried August: Bürgers Gedichte, Erster Teil: Gedichte 1789, Berlin, Leipzig, Wien, Stuttgart 1909
Ders.: Mein scharmantes Geldmännchen. Gottfried August Bürgers Briefwechsel mit seinem Verleger Dieterich, Göttingen 1988
Freiligrath, Ferdinand: Gedichte, Stuttgart und Tübingen 1838
Freiligrath, Ferdinand / Schücking, Levin: Das malerische und romantische Westfalen, Barmen und Leipzig 1841
Geibel, Emanuel: Emanuel Geibels Jugendbriefe, Berlin 1909
Goethe, Johann Wolfgang von: Kunst und Alterthum, Band 5, Stuttgart 1824
Goethe und Reinhard: Briefwechsel in den Jahren 1807–1832, Wiesbaden 1957
Grabbe, Christian Dietrich: Korrespondenz über die Detmolder Ressource, in: Rheinisch-Westphälisches Korrespondenzblatt 1828, Sp. 665–667
Ders.: Die Hermannsschlacht, Düsseldorf 1838
Grimm, Jacob und Wilhelm: Deutsche Sagen, Leipzig 1911
Hansen, Wilhelm (Hg.): Lippische Ansichten aus alter Zeit, Festschrift zum 50jährigen Bestehen des Lippischen Heimatbundes 1908–1958, Detmold 1967
Heine, Heinrich: Deutschland. Ein Wintermärchen, Hamburg 1844
Hille, Peter: Die Hassenburg, in: Gesammelte Werke Band 3, hg. v. Friedrich Kienecker, Essen 1985
Huch, Ricarda: Im alten Reich. Lebensbilder deutscher Städte, in: Gesammelte Werke Band 8, hg. v. Wilhelm Emrich, Köln 1967
Hüsch, Hanns Dieter: Der Fall Hagenbuch, München 1983
Immermann, Karl: Reisejournal, Düsseldorf 1833
Jünger, Friedrich Georg: Werke: Werkausgabe in 12 Bänden, Grüne Zweige. Ein Erinnerungsbuch, Stuttgart 1978
Kittel, Erich: Heimatchronik des Kreises Lippe, Köln 1978
Landesverband Lippe (Hg.): Lippische Bibliographie, Band 2: Das Schrifttum von 1954/56–1975, Detmold 1982
Liselotte von der Pfalz: Briefe der Herzogin Elisabeth Charlotte von Orléans aus dem Jahre 1719, hg. v. Wilhelm Ludwig Holland, Stuttgart 1877
Löns, Hermann: Frau Einsamkeit, in: Sämtliche Werke Band 2, hg. v. Friedrich Capelle, Leipzig 1928
Meier-Lemgo, Karl: Engelbert Kaempfer erforscht das seltsame Asien, Hamburg 1966
Meysenbug, Malwida von: Memoiren einer Idealistin, Band 1, Stuttgart 1876
Niebergall, Ernst Elias: Datterich, Darmstadt 1841
Oberhauser, Fred und Gabriele (Hg.): Literarischer Führer durch Deutschland, Frankfurt/M. 1983
Raabe, Wilhelm: Die Chronik der Sperlingsgasse, Berlin 1857
Schaefer, August: Lippe, Land und Leute im Spiegel literarischer Erinnerungen, in: Heimatland Lippe 5/1971
Schaeffer, Albrecht: Janna du Coeur, Wien, München, Basel 1949
Schneider, Reinhold: Detmold, in: Gesammelte Werke Band 7, hg. v. Edwin Maria Landam, Frankfurt/M. 1980

Schnitzler, Arthur: Das Schicksal des Freiherrn von Leisenbohg, in: Gesammelte Werke, Erzählende Schriften, Band 1, Frankfurt/M. 1961
Tacitus: Germania, Leipzig 1942
Unruh, Friedrich Franz von: Ehe die Stunde schlug, Bodman 1967
Unruh, Fritz von: Im Haus der Prinzen, in: Sämtliche Werke Band 12, hg. v. Hans Martin Elster und Bodo Rollka, Berlin 1985
Valentin, Thomas: Grabbes letzter Sommer, Frankfurt/M., Berlin, Wien 1982
Völker, Werner: Als die Römer frech geworden. Die Schlacht im Teutoburger Wald, Berlin 1981
Weerth, Georg: Die Armen in der Senne, in: Deutsches Bürgerbuch für 1845, Darmstadt 1845, hg. v. H. Püttmann
Wehrmann, Volker: Die Senne in alten Ansichten und Schilderungen, hg. v. Lippischen Heimatbund und Heimat- und Verkehrsverein Oesterholz-Haustenbeck, Detmold 1978

Inhaltsverzeichnis

Vorwort 5

Lippe — Land und Leute
Tacitus, Germania 9
Engelbert Kaempfer, Vortreffliche Schweine* 10
Johann Wolfgang von Goethe, Die Externsteine 11
Karl Friedrich Reinhard, Zwei Briefe an Goethe 12
Jacob und Wilhelm Grimm, Der Köterberg 13
Ferdinand Freiligrath und Levin Schücking, Aus Lippe* . . 13
Georg Weerth, Die Armen in der Senne 19
Hermann Löns, Frau Einsamkeit 23
Peter Hille, Schwalenberg und Wilbasen* 27
Ricarda Huch, Lemgo 32
Albrecht Schaeffer, In Lemgo* 37
Reinhold Schneider, Detmold 41

Nach neun nach: Die Schlacht im Teutoburger Wald
Joseph Victor von Scheffel, Als die Römer frech geworden . 45
Heinrich Heine, Der klassische Morast* 47
Ernst Elias Niebergall, Von dene Monemente* 49
Wilhelm Raabe, Vom Suchen nach deutscher Größe* . . . 50
Fritz von Unruh, Romeo und Übermensch* 51
Volker Braun, Der Teutoburger Wald 56
Kurt Bartsch, Hermann der Cherusker 57

Shakespeare — lippisch: Christian Dietrich Grabbe
Christian Dietrich Grabbe, Die kleine Stadt* 59
Christian Dietrich Grabbe, Die Hermannsschlacht . . . 60
Karl Immermann, Besuch bei Grabbe* 63
Ferdinand Freiligrath, Bei Grabbes Tod 64
Thomas Valentin, Grabbes letzter Sommer 67

Im Rückspiegel: Erinnerungen an Detmold
Albert Lortzing, Mehr Dreck als Häuser* 72
Malwida von Meysenbug, Detmold* 72
Friedrich Franz von Unruh, Wagenrennen in der Senne* . 76
Friedrich Georg Jünger, Detmolder Doppelleben* 81

Die mit * gekennzeichneten Überschriften wurden vom Herausgeber formuliert.

Lose Lippe-Lese
Liselotte von der Pfalz, Paris — Lippe* 84
Gottfried August Bürger, An die Nymphe zu Meinberg . . 85
Emanuel Geibel, Hier lasset uns Hütten bauen* 85
Wilhelm Raabe, Lippe-Detmold ist mein Vaterland* . . . 86
Arthur Schnitzler, Engagement in Detmold* 86
Hanns Dieter Hüsch, Hagenbuch und die Gesunden . . . 87

Bio-bibliographische Anmerkungen 93

Literaturverzeichnis 101